编　委　会

电子商务专业"理实一体化"系列教材

网络营销

WANGLUO YINGXIAO

林丽清 ◎ 主编　詹益生　陈　进 ◎ 副主编　邓筱玲 ◎ 主审

暨南大学出版社
JINAN UNIVERSITY PRESS

中国·广州

图书在版编目（CIP）数据

网络营销/林丽清主编；詹益生，陈进副主编 . —广州：暨南大学出版社，2015.8
（2019.2 重印）
（电子商务专业"理实一体化"系列教材）
ISBN 978 - 7 - 5668 - 1452 - 4

Ⅰ.①网… Ⅱ.①林…②詹…③陈… Ⅲ.①网络营销—中等专业学校—教材
Ⅳ.①F713.36

中国版本图书馆 CIP 数据核字（2015）第 121579 号

网络营销
WANGLUO YINGXIAO
主编：林丽清　副主编：詹益生　陈　进

出 版 人：徐义雄
责任编辑：刘碧坚　张　艳　薛业婷
责任校对：林冬丽

出版发行：暨南大学出版社（510630）
电　　话：总编室（8620）85221601
　　　　　营销部（8620）85225284　85228291　85228292（邮购）
传　　真：（8620）85221583（办公室）　85223774（营销部）
网　　址：http://www.cnupress.com
排　　版：广州市天河星辰文化发展部照排中心
印　　刷：深圳市新联美术印刷有限公司
开　　本：787mm×1092mm　1/16
印　　张：15.25
字　　数：371 千
版　　次：2015 年 8 月第 1 版
印　　次：2019 年 2 月第 3 次
定　　价：39.80 元

（暨大版图书如有印装质量问题，请与出版社总编室联系调换）

前　言

随着电子商务的发展，社会对电子商务专业人才的需求量越来越大，要求也越来越高。按照电子商务（网络营销）专业人才的培养目标及就业方向，为了提高学生实践操作能力，更进一步掌握电子商务专业技能，我们编写了这本电子商务专业网络营销教材。

网络营销是一门新兴的交叉性学科，是电子商务专业及营销专业必修的一门核心主干课程，有很强的理论综合性和实践性。本教材以切合职业教育的培养目标，侧重技能培养，强化实训为指导思想和出发点，在内容编排上实行"任务驱动，项目导向"的模式。通过实训，使学生在仿真的环境中系统地了解每个岗位的工作职责和业务流程，加深对网络营销基本理论的理解、基本方法的运用和基本技能的训练，达到理论与实践相结合。本书的主要特点有：

（1）本教材是根据电子商务专业特点和人才培养目标，校企合作共同研发、编写而成的，是校企合作共同培养电子商务技能型人才的最新重要成果。

（2）以就业为导向，以电子商务（网络营销）各岗位需求为依据，根据本专业职业岗位应完成的工作任务、应具备的职业技能，将网络营销分为认知网络营销、网络市场调研、编写网络营销方案、制定网络营销策略、选择网络营销平台、选择网络营销工具、网络广告推广、网站客户服务、综合实践九个相对独立的项目，共26个实训任务。

（3）强调"教、学、做"一体化操作。在实训细节的布置上，各部分都有完整的、简化的理论与说明，每个实训项目都有配套情景案例、实训任务、能力训练、知识链接和思考与训练等模块，能达到理论与实践相结合的效果，有利于学生对网络营销知识的理解，增强学生的实际操作能力。

（4）在内容上为当前最常用的电子商务和网络营销方面的理论和实践，确保教材内容的先进性、实践性和可操作性。力求实用、清晰、简练，符合中等职业学校电子商务（网络营销）专业的技能培养要求。

本教材是由广东省对外贸易职业技术学校电子商务部、盛拓传媒广东电商公司（家商城）和广州莱司依服饰有限公司（莱司依服饰）经过多次研讨，对大纲多次修改后编写而成的。林丽清、邓筱玲共同编写项目一；林丽清编写项目二；陈浚杰（家商城）、陈汉维（家商城）共同编写项目三；李明霞、廖瑗瑗共同编写项目四；郑培生（莱司依服饰）、陈启辉（家商城）共同编写项目五；陈进、吴浩、陈雄山、林丽清共同编写项目六；谢涛洪编写项目七；詹益生编写项目八；黄朗曦、谈辉（家商城）、林丽清、陈晓燕、李慧共同编写项目九。全书由林丽清负责编写提纲、体例设计、统稿。在编写过程中，参考了大量的相关的文献资料、网站资料等，编写者都付出了辛勤的劳动，在此表示衷心的感谢。

由于编者学识有限，编写时间非常仓促，书中存在缺点、疏漏及不足之处，衷心希望读者批评指正，以便今后进一步修改和完善。

编　者
2015 年 3 月

目 录

项目一　认知网络营销

【学习任务】

1. 体验网络营销。
2. 了解网络营销的职业岗位及技能。

【学习目标】

1. 了解网络营销的发展脉络，掌握网络营销的真实含义、特点，熟悉网络营销的常用方法，初步体验网络营销。

2. 了解与网络营销相关的职业岗位，掌握相应职业岗位所需的能力要求，知道网络营销要学什么；熟悉网络营销的基本职能，应具备什么知识能力。

任务 1　体验网络营销

情景案例

案例 1

电商老大微博玩"三国杀"

事件源于京东商城首席执行官刘强东发布的一条微博：即日起京东所有大家电比国美、苏宁便宜至少 10%。这条微博立刻引起了苏宁的"反击"并发表微博宣称苏宁易购包括家电在内的所有产品价格均低于京东。而后，国美电器亦加入其中，称国美网上商城全线商品价格将比京东商城低 5%，三大电商微博上演了一场"价格战"。有网友戏称这不过是三大电商老大玩的一场名为"三国杀"的游戏，用户却当真了，于是三大电商几日之内销量暴涨，可见这次微博营销"价格战"的威力。

（来源：中国站长站）

案例 2

李明慧：在读女硕士微信朋友圈卖红枣月赚 4 万

在西南政法大学读研的新疆籍女硕士李明慧，将老家种植的纯天然红枣托运来渝后，通过免费赠送师生等方法赢得口碑，并在微信朋友圈中进行销售。日前，月赚4万元的她蹿红网络，被网友亲切地称为"红枣妹纸"。

案例3
通过社交网站成功让销售额暴增

企业在社交网站上进行市场营销的活动在不断升温。

2014年，临近世界杯时，跨境电商广州莱司依服饰有限公司（莱司依服饰）瞅准世界杯话题热潮，在Facebook上设置了猜获胜球队的有奖活动环节。这是一个非常棒的推广活动，猜到最终胜利球队的粉丝均可获得由莱司依服饰免费送出的精美服饰，莱司依服饰的粉丝数量也因此猛增。莱司依服饰利用此次网络营销活动为自己的品牌提高了知名度，月销售额也成功突破300万人民币。

同时，社交网站营销对培养客户忠诚度也很重要，越来越多的营销人员认为，在将来，不支持社交媒体营销的公司将难以生存。

案例4
雕爷内部邮件：O2O大潮来了

"河狸家"还在筹备时，雕爷就通过其微信公众账号为上线进行各种造势、埋伏笔。从筹备初期到河狸家上线后的每一步，雕爷的营销功底都成为一种助力。各种酝酿、鼓劲、O2O站台……相关文章达数十篇。8月底，雕爷的一封"内部邮件"更是将"河狸家"推到风口浪尖上。用雕爷的话讲：达到10亿估值这是件小事儿，阿芙用了整整8年，雕爷牛腩用了2年，而美甲O2O项目"河狸家"如果从3月11日接第一单美甲开始算，仅仅用了半年！（来源：亿欧网）

案例分析： 以上案例，都是充分利用现代网络营销手段赢得成功的。网络营销不但能直接推动网上交易的完成，实现直接的经济效益，同时还能进行有效的品牌推广，促进线下交易。

一、任务目的

本任务通过搜索什么是网络营销和网络营销的成功案例，了解网络营销的相关知识，掌握网络营销的含义、特点、内容，熟悉网络营销的方法，进一步认识网络营销。

二、任务要求

1. 通过百度、谷歌等搜索引擎，用"网络营销""双十一的网络营销"及"网络营销成功案例"等关键词查询，找到相关知识及案例，下载并整理，保存到自己作业文件夹中。
2. 能复述网络营销的含义及网络营销的方法，阐述对网络营销的看法（可分小组讨论）。

3. 将最终结果填入下表。

表1-1　网络营销的相关内容

网络营销的含义	网络营销的特点	相关案例中网络营销采用哪些方法	网络营销的优势	小组对网络营销的看法

三、任务实施

1. 启动 IE（Internet Explorer），在 IE 窗口的地址栏输入网址 http：//www.baidu.com，打开百度网页。

2. 在百度网页的搜索框内输入"网络营销"，单击"百度一下"（开始搜索），弹出搜索结果页面，单击搜索结果中的某一标题，如图1-1所示。

图1-1　搜索"网络营销"

3. 打开"网络营销—百度百科"下一级页面，选定文章正文内容（从文章开头处，按住鼠标左键不放，并拖动鼠标至文章结尾处，放开鼠标），如图1-2所示。在选定的文本内单击鼠标右键，选择"复制"。

图1-2 网络营销定义

4. 启动 Word（自动新建 Word 文档），在 Word 文档内单击鼠标右键，选择"粘贴"，网页所选内容便复制到了 Word 文档。

5. 在 Word 文档中，点击"文件"菜单—"保存"命令（或工具栏上的"💾"保存按钮），打开"另存为"对话框—选择保存位置，输入文件名"网络营销"—点击"保存"按钮，关闭 Word 文档。

6. 重复以上操作，搜索"双十一的网络营销""网络营销成功的案例"的相关文章并保存。

四、能力训练

1. 通过访问阿里巴巴网站（http：//www.alibaba.com）、淘宝网（http：//www.taobao.com）、海尔商城（http：//www.ehaier.com/），了解电商网站的运作方式。

2. 登录家商城网站（http：//www.gqt168.com）、广州莱司依服饰有限公司（http：//www.laisiyi.com；http：//www.15wholesale.com）、亚马逊（http：//www.amazon.cn/）或天猫（http：//www.tmall.com/），搜索至少3类商品，并打开每类商品中排名前5位的商品，从商品的展示效果、价格、评价等方面去了解和认识网络营销的特点及功能。

3. "双十一"时淘宝所用的营销策略有哪些？

4. 找一家餐饮，体验 O2O（如美团网、大众点评、糯米网、拉手网、饿了么）。小组讨论目前 O2O 行业有哪些？O2O 行业中经营得比较成功的有哪些？

任务2　了解网络营销工作岗位

情景案例

"家商城"的职业岗位

小李是电子商务专业第三学年的学生，学校规定第三学年的学生要到企业顶岗实习。小李所在学校和"家商城"互联网公司签订了校企合作计划，小李通过层层面试，顺利进入"家商城"进行顶岗实习。

家商城是以产品为核心的互联网品牌，提供市场上最时尚的产品组合，与国内分销商、经销商和供应商建立了广泛的合作关系；同时也是致力于推动校企合作，与全国20多所大中院校保持紧密联系，并开展深度、落地校企合作的互联网公司。

小李为了更快适应"家商城"职业岗位的要求，真正零距离地体验电子商务具体岗位的相关工作过程，更好地掌握电子商务行业所需的各项技能，他从网上搜索了与"网络营销"相关的职业岗位需求及职业技能信息。

一、任务目的

本任务通过登录招聘网站（如智联招聘网站 www.zhaopin.com、58 同城招聘网站 www.58.com、应届生求职网 www.yingjiesheng.com、前程无忧网 www.51job.com 等），搜索"网络营销"岗位，了解与网络营销相关的职业岗位需求及职业技能信息，并进行总结。

二、任务要求

1. 登录招聘网站（如智联招聘网站 www.zhaopin.com），搜索"网络营销"岗位，找到与网络营销相关的职位要求。

2. 找一家企业（如校企合作家商城 http://www.gqt168.com）进行实践，了解企业网络营销的职业技能。

3. 分组分享结果。

三、任务实施

（一）网络营销的职业岗位

1. 登录智联招聘网站 www.zhaopin.com 首页，如图 1－3 所示。

图 1－3　登录智联招聘首页

2. 在职位名称处输入"网络营销"，单击"搜工作"，如图 1－4 所示。

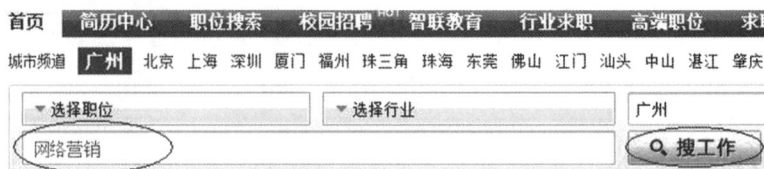

图 1－4　职位搜索

3. 显示搜索结果，如图 1－5 所示。

图 1－5　职位搜索结果

4. 单击职位名称可显示该职位的详细信息，如图 1 - 6 所示。

网络营销人员

发布日期：2014-02-18

广州弦尚文化传播有限公司

公司规模：100~499人
公司性质：民营
公司行业：广告/会展/公关　媒体/出版/影视/文化传播

工作经验：1~3年　　　　　工作性质：全职
最低学历：中专　　　　　　管理经验：要求
职位月薪：面议　　　　　　招聘人数：若干
工作地点：广州-天河区　　　职位类别：渠道/分销总监

立即申请

职位描述

一、 网络营销人员（工作描述）
1. 负责搜索引擎优化，让企业和相关商品在引擎中获得良好的排名
2. 负责企业信息和产品卖点的撰写
3. 负责企业网站、企业微博的推广、让更多的潜在客户到访网站、网站推广的主要是工作保护搜索引擎营销、博客营销、软文推广等
4. 对网络营销实施进行跟踪和评估 其营销效果，以求达到广告的最佳效果
5. 负责企业网站以及网店的维护更新

二、 岗位要求
1. 计算机、营销、广告等专业，专科以上学历
2. 懂得搜索引擎优化，能单独完成企业网站的维护更新
3. 懂得博客、论坛、微博、网店、问答平台等操作、熟悉各大网站
4. 熟悉 互联网环境，并热爱互联网工作，有从事　网站维护更新，网络编辑、网站推广工作经验 经验的更佳
5. 具有较强的理解和沟通能力，较强的分析和表达能力，具有一定的文字功底
6. 服从领导安排的工作任务

立即申请

图 1 - 6　职位描述

（二）网络营销的职业技能

1. 找一家企业（如校企合作家商城）实践两节课，了解企业网络营销的职业技能。

2. 登录家商城网站（http：// www. gqt168. com）首页，了解该企业的网站功能信息，如图 1 -7 所示。

图 1-7　登录家商城首页

3. 校企合作家商城的技能运营人才要求（校企合作"家商城产学园"，由家商城和广东省对外贸易职业技术学校联合共建，在学校提出的"共建共享、互惠互利、校企融合、共同发展"的方针下和家商城进行深入的、全方位的校企合作，致力为学生提供"岗位导向、工学交替、学做一体、模式创新"的实践经验，提高中技院校学生的竞争力，实现产教无缝连接，达到学校、企业和学生三赢），如图 1-8 所示。

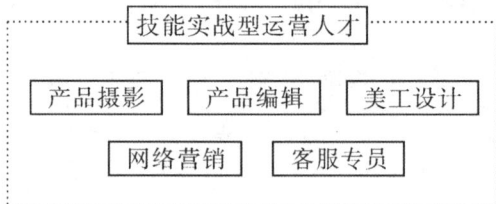

图 1-8　校企合作家商城的技能运营人才要求

四、能力训练

1. 登录招聘网站（如 58 同城招聘网站 www.58.com、智联招聘网站 www.zhaopin.com、应届生求职网 www.yingjiesheng.com、前程无忧 www.51job.com 等），搜索"网络营销""电子商务"岗位，了解与电子商务、网络营销有关的职位名称、职位招聘人数，并归纳相应的岗位能力、素质要求，完成表 1-2。

表1-2 职位信息表

招聘网站名称	职位名称	公司名称	工作地点	招聘人数	岗位能力、素质要求
www. zhaopin. com					
www. 51job. com					
……					

2. 到企业实践（如校企合作家商城），并分组讨论与网络营销岗位相关的工作任务、能力要求及学习领域，完成表1-3。

表1-3 与网络营销岗位群相关的要求

岗位群	网络调研	网络推广	网络广告及促销	网络营销文案策划	网站优化	客服专员
工作任务						
能力要求						
学习领域						

【知识链接】

一、网络营销

（一）网络营销的产生和发展

1. 互联网技术的应用是网络营销实现的基础，互联网的前身是美国国防部 Internet 为支持国防研究项目于20世纪60年代末70年代初建成的 ARPANET（阿帕网）。

2. 到了1993年，出现基于互联网的搜索引擎，1994年10月网络广告诞生。

3. 1994年的"律师事件"是第一起利用互联网赚钱的事例，标志着网络营销的诞生。

4. 1995年7月，目前全球最大的网上商店——亚马逊成立。

（二）网络营销的定义

网络营销（On-line Marketing 或 Cyber Marketing）全称是网络直复营销，属于直复营销的一种形式，是企业营销实践与现代信息通信技术、计算机网络技术相结合的产物，是企业以电子信息技术为基础，以计算机网络为媒介和手段而进行的各种营销活动（包括网络调研、网络新产品开发、网络促销、网络分销、网络服务等）的总称。

（三）电子商务与网络营销的关系

电子商务与网络营销是一对紧密相关又具有明显区别的概念。电子商务与网络营销密切相关，网络营销是电子商务的组成部分。

网络营销不同于电子商务，主要是基于以下两个方面的考虑：

1. 网络营销与电子商务研究的范围不同。网络营销研究的是以互联网为主要手段的营销活动，而电子商务的内涵很广，其核心是电子化交易，强调的是交易方式和交易过程的各个环节。

2. 网络营销与电子商务关注的重点不同。网络营销关注的重点在交易前阶段的宣传和推广，电子商务的标志之一则是实现了电子化交易。

（四）我国与网络营销密切相关的事件

1. 中国第一宗网络购物发生在 1996 年 11 月，购物者是加拿大驻中国大使贝祥。他通过实华开公司的网点，购进了一只景泰蓝"龙凤牡丹"。继北京之后，上海也于1996 年底开了第一家网络商店。一街道居民替儿子过生日，通过网上商店订购了一个哈尔滨食品厂的大蛋糕，半小时后蛋糕就准时送上了门。

2. 1997 年 2 月，专业 IT 资讯网站 ChinaByte 正式开通免费新闻邮件服务，到同年12 月，新闻邮件订阅数接近 3 万。

3. 1997 年 3 月，在 ChinaByte 网站（www. ChinaByte.com）上出现了第一个商业性网络广告（采用 468×60 像素的标准动画旗帜广告）。

4. 1997 年 11 月，国内首家专业网络杂志发行商"索易"开始提供第一份免费网络杂志，到 1998 年 12 月，索易获得了第一个邮件赞助商，这标志着我国专业 E-mail营销服务的诞生。

（五）网络营销的特点

网络营销是一个新兴的事物，但是蕴藏着无限能量。随着信息全球化，网络营销绝对是大势所趋，那么它到底具备什么样的特点呢？

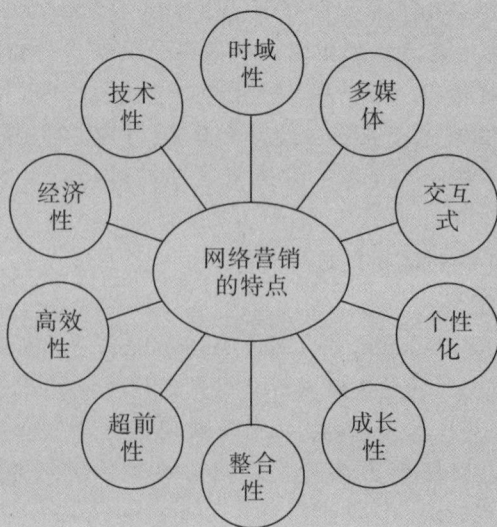

二、网络营销的基本职能与基本方式

(一) 网络营销的基本职能

1. 网络品牌。网络营销的重要任务之一，就是在互联网上建立并推广企业的品牌。知名企业的网下品牌可以在网上得以延伸，一般企业则可以通过互联网快速树立品牌形象，并提升企业整体形象。网络品牌建设是以企业网站建设为基础，通过一系列的推广措施，达到顾客和公众对企业的认知和认可的效果。在一定程度上说，网络品牌的价值甚至高于通过网络所获得的直接收益。

2. 网址推广。这是网络营销最基本的职能之一，在几年前，有人甚至认为网络营销就是网址推广。相对于其他功能来说，网址推广显得更为迫切和重要，网站所有功能的发挥都以一定的访问量为基础，所以，网址推广是网络营销的核心工作。

3. 信息发布。网站是一种信息载体，通过网站发布信息是网络营销的主要方法之一，同时，信息发布也是网络营销的基本职能。所以也可以这样理解，无论哪种网络营销方式，结果都是将一定的信息传递给目标人群，包括顾客（潜在顾客）、媒体、合作伙伴、竞争者等。

4. 销售促进。营销的根本目的是为增加销售提供帮助，网络营销也不例外。大部分网络营销方法都与直接或间接促进销售有关，但它并不仅限于促进网上销售，事实上，网络营销在很多情况下对促进线下销售也是十分有利的。

5. 销售渠道。一个具备网上交易功能的企业网站本身就是一个网上交易场所，网上销售是企业销售渠道在网上的延伸，网上销售渠道的建设也不仅限于网站本身，还包括建立在综合电子商务平台上的网上商店，以及与其他电子商务网站不同形式的合作等。

6. 顾客服务。互联网提供了更加方便的在线顾客服务手段，从形式最简单的FAQ（常见问题解答），到邮件列表以及BBS、聊天室等各种即时信息服务都说明，顾客服务质量对于网络营销效果具有重要的影响。

7. 顾客关系。良好的顾客关系是网络营销取得成效的必要条件，通过网站交互、顾客参与等方式在开展顾客服务的同时，也增进了与顾客的关系。

8. 网上调研。通过在线调查表或者电子邮件等方式，可以完成网上市场调研。相对于传统市场调研，网上调研具有高效率、低成本的特点，因此，网上调研成为网络营销的主要职能之一。

(二) 网络营销的基本形式

网络营销目前总体分为16大形式：即搜索引擎营销、即时通信营销、网络病毒式营销、BBS营销、网络博客营销、网络微信营销、聊天群组营销、网络知识性营销、网络事件营销、网络口碑营销、网络直复性营销、网络视频营销、网络图片营销、网络软文营销、RSS营销、SNS营销。

三、O2O 电子商务模式

(一) 什么是O2O电子商务模式

O2O电子商务即Online（线上网店），Offline（线下消费）。商家通过免费开网店的方式将商家信息、商品信息等展现给消费者，消费者通过线上筛选服务，线下比较、体验后有选择地消费，在线下进行支付。

（二）O2O 的优势

O2O 的优势在于把线上和线下的优势完美结合。通过网购导购机，把互联网与地面店完美对接，实现互联网落地，让消费者在享受线上优惠价格的同时，又可享受线下贴身的服务。同时，O2O 模式还可实现不同商家的联盟。

1. O2O 模式充分利用了互联网跨地域、无边界、海量信息、海量用户的优势，同时充分挖掘线下资源，进而促成线上用户与线下商品、服务的交易，团购就是 O2O 的典型代表。

2. O2O 模式可以对商家的营销效果进行直观的统计和追踪评估，规避了传统营销模式推广效果的不可预测性，O2O 将线上订单和线下消费相结合，所有的消费行为均可以准确统计，进而吸引更多的商家进来，为消费者提供更多优质的产品和服务。

3. O2O 在服务业中具有优势，如价格便宜、购买方便，且折扣信息等能及时获知等。

4. O2O 将拓宽电子商务的发展方向，由规模化走向多元化。

5. O2O 模式打通了线上线下的信息和体验环节，让线下消费者避免了因信息不对称而遭受的"价格蒙蔽"，同时实现线上消费者的"售前体验"。

【思考与训练】

一、选择题

1. 互联网起源于（　　　）。

A. 20 世纪 80 年代　　　　　　　　　B. 20 世纪 90 年代

C. 20 世纪 60 年代　　　　　　　　　D. 20 世纪 70 年代

2. 互联网的雏形是（　　　）。

A. CSNET　　　　　　　　　　　　　B. ARPANET

C. BITNET　　　　　　　　　　　　　D. ANSNET

3. 网络营销产生于（　　　）。

A. 20 世纪 60 年代　　　　　　　　　B. 20 世纪 70 年代

C. 20 世纪 80 年代　　　　　　　　　D. 20 世纪 90 年代

4. "网络营销是以互联网为媒体，以新的方式、方法和理念实施营销活动。"根据上面这句话，以下说法中不正确的是（　　　）。

A. 网络营销针对的是网上虚拟市场，要及时了解并把握消费者的特征和消费行为模式的变化

B. 网络营销通过在网上开展营销活动来实现企业目标

C. 网络营销沿用传统的营销手段和方式

D. 作为在 Internet 上开展的营销活动，网络营销必将面临许多传统营销活动无法碰到的新问题

5. 网络营销的英文翻译，目前普遍采用的是（　　　）。

A. Cyber Marketing　　　　　　　　　　B. E-Marketing

C. Internet Marketing　　　　　　　　　D. Network Marking

6. 以下属于网络营销特点的是（　　　）。

①跨时空　②单媒体　③交互式　④个性化　⑤成长性　⑥经济性　⑦技术性

A. ①②③④⑤⑥⑦　　　　　　　　　　B. ①③④⑤⑥⑦

C. ①②③④⑥⑦　　　　　　　　　　　D. ②③④⑤⑥⑦

7. 互联网使企业可以 24 小时不间断地进行全球营销，这一优势使网络营销与传统营销相比具有了（　　　）的特点。

A. 成长性　　　　B. 超前性　　　　C. 跨时空　　　　D. 高效性

8. 下述说法不正确的是（　　　）。

A. 互联网的发展是网络营销产生的技术基础

B. 消费者价值观的改变是网络营销产生的物质基础

C. 激烈的商业竞争是网络营销产生的现实基础

D. 企业网站是企业信息的载体，是网络营销的基础

9. 网络的出现为企业进行市场研究提供了一个全新的渠道，可以把"个性化"的服务从"服务到家庭"细化为"服务到个人"。这体现了网络营销的（　　　）特点。

A. 高效性　　　　B. 互动式　　　　C. 跨时空　　　　D. 个性化

10. 企业通过互联网快速提升产品和企业的知名度，以树立企业良好的整体形象，这属于网络营销的（　　　）职能。

A. 网络品牌　　　　B. 网址推广　　　　C. 信息发布　　　　D. 销售促进

二、判断题

1. 网络营销建立在传统营销理论基础之上，它以计算机网络技术为手段，因此仅局限于网上。　　　　　　　　　　　　　　　　　　　　　　　　　　　　（　　　）

2. 网络营销与电子商务（狭义）的主要分界线就在于是否有交易行为的发生。（　　　）

3. 网络营销与电子商务的关系是：电子商务是网络营销的基础，网络营销是电子商务发展的高级阶段。　　　　　　　　　　　　　　　　　　　　　　　　（　　　）

4. 网络营销的职能是通过各种网络营销方法来实现的，同一个职能可能需要多种网络营销方法的共同作用，而同一种网络营销方法也可能适用于多项网络营销职能。（　　　）

5. 第一起利用互联网赚钱的事例是 1996 年的"律师事件"。　　　　　　　　（　　　）

三、简答题

1. 什么是网络营销？

2. 网络营销有哪些基本职能？

四、案例分析

利用网络营销致富的农民

被誉为"龙虾大王"的康金荣平时喜欢浏览中国农业信息网和广东、福建等周边省市的农业信息网，通过上网发布和获取信息，2014年找他购买龙虾的网上客户络绎不绝，龙虾几乎每天供不应求。2014年9月份，他开始玩微信，同时开了一家龙虾微店，目前，康金荣不出远门就能把龙虾卖到大中城市。网络营销减少了流通环节，节约了成本，增加了收入。

康金荣是位聪明的农民，这几年，他开始根据市场需求有选择地种养，不再像以前那样只种些传统作物。除了养殖龙虾外，他还办了一个山鸡养殖加工厂，拥有面积大约800平方米的加工厂房，联结订单养殖户500户，年销售额近两千万元。在饶平县当地，他算是个风云人物，这不仅因为他的富裕，还因为他是当地第一个使用互联网来做生意的农民。

1999年，康金荣开始了养殖生意，先后养过螃蟹、山鸡和野鸭等多个品种，主要供给附近地区的饭店。那时正值互联网起步阶段，他找了专业人员帮他建立了一个网站，把产品信息放到上面。但是让他失望的是，访问这个网站的人非常少，收效甚微。2000年左右，康金荣在当时还免费的阿里巴巴网站上收到了第一笔订单，一个来自福州的买家要2 000只螃蟹。康金荣乐坏了，这是他第一次把生意做到外省去。

这几年，他淘汰了以前的几个养殖品种，专做山鸡生意，并把重心逐渐从养殖转移到加工上来，这使得产品更适宜远途运输。其中，有部分原鸡卖给广东无穷食品有限公司加工成无穷鸡翅、中国焗鸡等食品。为了使产品更具有竞争力，康金荣还申请了绿色食品认证，但是这一认证对饲料的要求极高，为了能快速找到绿色饲料，康金荣也同样利用网络找到了能提供绿色饲料的卖家。

1. 康金荣走上赚钱致富的捷径是利用网络营销的哪些特点？他采用哪些方法推广他的养殖品？
2. 利用哪些网络渠道可帮康金荣找到能提供绿色饲料的卖家？

项目二 网络市场调研

【学习任务】

1. 了解网络消费者的购买行为特征。
2. 掌握在线调研问卷设计与发布。
3. 掌握网络调研报告撰写。

【学习目标】

1. 了解目前网民的主要特征,熟悉网络消费者的需求动机和心理动机,能够对网络消费者的购买过程进行分析。
2. 掌握在线调研问卷设计的格式及其有效投放的途径和方式。
3. 掌握网络市场调研的基本能力,能写出市场调研报告。

任务 1   了解网络消费者的购买行为

情景案例

网络消费者的购买动机

调查显示,相对于传统购物方式而言,网上购物在三个方面优势明显:① 53.9% 的人认为送货上门比较方便;② 50.1% 的人认为价格便宜;③ 44.8% 的人认为可以购买到本地没有的物品。正是因为具有这些优点,所以网上购物近几年的发展很快。购买动机是消费者购买并消费商品最直接的原因和动力,网络消费者的购买动机主要包括方便型动机、低价型动机、表现型动机、好奇型动机以及心理平衡型动机等。

2014 年 7 月 21 日,中国互联网络信息中心(CNNIC)第 34 次《中国互联网络发展状况统计报告》(以下简称为《报告》)显示,截至 2014 年 6 月,中国网民规模达 6.32 亿,互联网普及率为 46.9%。其中,手机网民规模达 5.27 亿,且规模继续保持稳定增长。《报告》表明,2014 年以网络购物、团购为主的商务类应用保持较高的发展速度。2014 年,中国网络购物用户规模达 3.31 亿,使用率达 52.5%,相比 2013 年增长了 9.8 个百分点。在商务类应用中，团购市场的增长最为迅猛：2014 年团购用户规模达 1.48 亿，团购的使用率为 23.5%，相比 2013 年增长了 5.4 个百分点。移动商务类应用在移动支付的拉动下，正历经跨越式发展，在网络应用中的地位愈发重要，手机网上支付、手机网络购物、手机网上银行和手机旅行预定应用的网民规模半年增长速度均超过 40%，从而带动了互联网商务类应用的整体增长，成为商务类应用的最大亮点。

一、任务目的

能对目前网民的主要结构特征进行分析，进一步熟悉网络消费者的特点、心理动机及网络消费的需求特征，能够对网络消费者的购买行为进行分析。

二、任务要求

通过登录中国互联网络信息中心网站（www. cnnic. cn），下载最新的中国 Internet 发展状况统计报告，分析网民发展状况对网络营销的影响。

三、任务实施

1. 登录中国互联网络信息中心网站（www. cnnic. cn）首页，如图 2-1 所示。

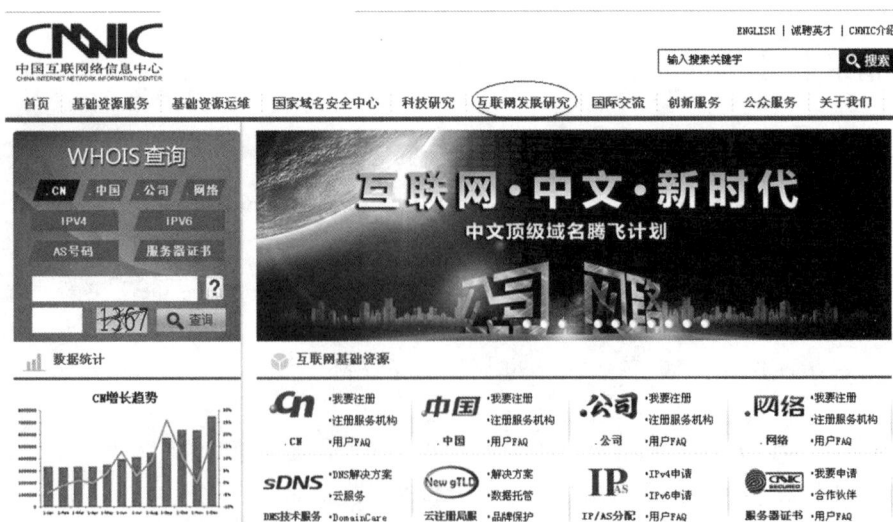

图 2-1　登录中国互联网络信息中心网站首页

2. 点击"互联网发展研究"—"报告下载",下载最新的中国 Internet 发展状况统计报告(第 34 次《中国互联网络发展状况统计报告》),如图 2 - 2 所示,并保存文件到学生文件夹中。

当前位置:首页 > 互联网发展研究 > 报告下载

报告下载

- 2014年中国网民搜索行为研究报告
  2014/10/15 08:57
- 2013年度中国手机游戏用户调研报告
  2014/09/11 13:08
- 2013-2014年中国移动互联网调查研究报告
  2014/08/26 09:55
- 2014年中国社交类应用用户行为研究报告
- 2014/08/22 10:21
- 第34次《中国互联网络发展状况统计报告》
  2014/07/21 14:45

图 2 - 2 下载统计报告

3. 分析我国网民有哪些基本特征(主要包括人数、性别、年龄、收入、职业、文化程度等),可参考报告中第二章目录,如图 2 - 3 所示(可列表分析)。

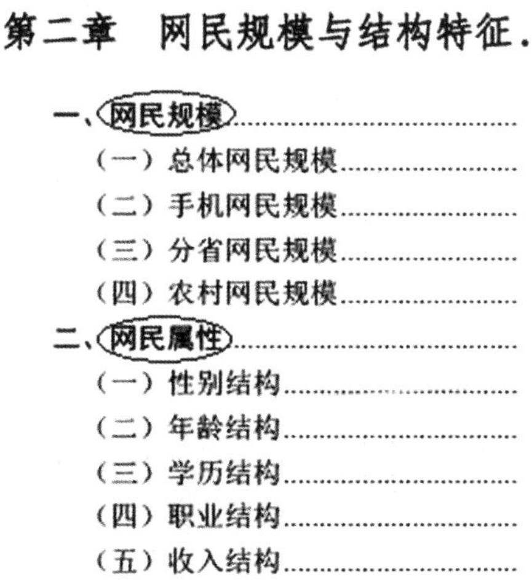

第二章 网民规模与结构特征.

一、网民规模
（一）总体网民规模
（二）手机网民规模
（三）分省网民规模
（四）农村网民规模
二、网民属性
（一）性别结构
（二）年龄结构
（三）学历结构
（四）职业结构
（五）收入结构

图 2 - 3 报告中第二章目录

4. 分析我国网民网上购物的行为特征,可参考报告中第四章目录,如图 2 - 4 所示。

其中商务交易类应用发展部分的内容，如图 2－5 和图 2－6 所示（可列表分析）。

第四章 网民互联网应用状况

图 2－4 报告中第四章目录

中国互联网络信息中心 CNNIC

三、商务交易类应用发展

1.网络购物

截至 2014 年 6 月，我国网络购物用户规模达到 3.32 亿，较 2013 年底增加 2962 万人，半年度增长率为 9.8%。与 2013 年 12 月相比，我国网民使用网络购物的比例从 48.9%提升至 52.5%。与此同时，手机购物在移动商务市场发展迅速，用户规模达到 2.05 亿，半年度增长率为 42%，是网络购物市场整体用户规模增长速度的 4.3 倍，手机购物的使用比例由 28.9%提升至 38.9%。

2014 年上半年，网络购物用户规模的增长主要得益于以下五个方面：首先，商务部等相关部门联合企业加大力度整顿市场、打击假货，使网络诚信环境得到改善；其二，新《消费者权益保护法》规定网购 7 天无理由退货，加强对消费者的保障力度；其三，电商平台和快递企业推出预约配送和当日送达等服务提升物流效率，物流服务比拼升级到配送时间的精准度；其四，企业大力推广移动端购物，移动端便捷的支付功能和比 PC 端更大的优惠幅度推动移动端购物的快速发展；最后，企业基于大数据应用推出 C2B 定制化创新模式，更好地匹配了用户个性化需求，实现精准销售。

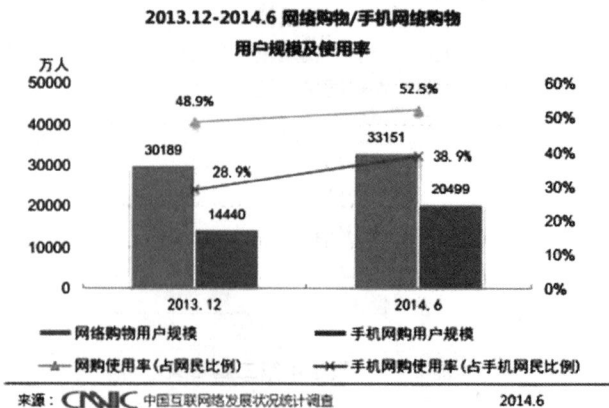

图 2－5 网络购物内容

CNNIC 中国互联网络信息中心

2.团购

截至 2014 年 6 月，我国团购用户规模达到 1.48 亿，较 2013 年底增加 760 万人，半年度增长率 5.4%。与 2013 年 12 月相比，我国网民使用团购的比例从 22.8% 提升至 23.5%。相比整体团购市场，手机团购发展更为迅速。手机团购用户规模达到 1.02 亿，半年度增长率为 25.5%，手机团购的使用比例由 16.3% 提升至 19.4%。

2014 年上半年，团购网站用户增长速度逐步放缓，趋于稳健发展态势。团购用户增长的主要原因可以归结为以下三个方面：其一，团购行业整体市场环境得到有效改善。经历优胜劣汰的市场选择后集中度达到较高水平，前五名占据 90% 以上的市场份额。其二，企业不断改善服务质量提升用户体验。主要表现为：团购消费限制减少，消费方式更加丰富，通过移动终端实现"下单-付款-消费"同步的"即时服务模式"。其三，团购成为本地生活类服务企业常规的促销方式之一，迎合了大众"物超所值"的消费心态，促使用户形成优先查找团购活动的消费习惯。其四，互联网巨头注资专业团购网站以及电商平台与专业团购网站的竞争会促使团购行业的整体服务水平进一步提升，从而吸引更多的网民使用团购服务。

图 2-6 团购内容

5. 通过以上方法，登录中国互联网络信息中心网站（www.cnnic.cn），下载 CNNIC 最近两期公布的《中国互联网络发展状况统计报告》，完成表 2-1 的填写。

表 2-1 网民规模、网站、互联网应用用户对比

应用	上一期		最近一期		前后两期的变化
	用户规模（万）	网民使用率（%）	用户规模（万）	网民使用率（%）	增长率（%）
总体网民规模					
手机网民规模					
中国网站					
搜索引擎					

（续上表）

应用	上一期		最近一期		前后两期的变化
	用户规模（万）	网民使用率（%）	用户规模（万）	网民使用率（%）	增长率（%）
网络新闻					
网络购物					
团购					
网上支付					
网上银行					
旅行预订					
微博					
网络游戏					
网络视频					
手机网络新闻					
手机网络游戏					
手机网络购物					
手机网上支付					
手机团购					

四、能力训练

1. 分析现今网上热销产品的特征、消费者的购买心态及行业竞争状况等。

2. 登录当当网（http：//www.dangdang.com）、亚马逊（http：//www.amazon.cn）和淘宝网（http：//www.taobao.com），浏览商品打折信息，进行比较，并分析打折商品是否能够吸引消费者购买（可体验一下网上购物，加入购物车并截图）？

任务2 在线调研问卷设计与发布

情景案例

一个成功的在线调研案例

省外贸学校几名电商专业的学生瞄准微信社交平台的商机，打算组建"外贸微果坊"销售水果，在销售水果之前，他们希望对相应的受众做一些调研，对市场做进一步的勘察和细分。

实施过程：他们登录问卷星（http://www.sojump.com）调研平台，设计了一份关于"校园水果"的调查问卷。然后，他们在国内几个著名的论坛上发布了这个问卷的链接，并进行了 flash 形式的调查。同时，他们还在 blog 上开展了针对 flash 调查的讨论。最后，他们收到了 2 000 份答卷，里面有用户的体验和看法，最重要的是，他们得到了近 1 000 个目标受众的电子邮箱。

案例分析：通过网上市场调研，这几名学生了解了目前的市场需求，知道目标受众在哪里，这为制定校园水果产品的营销策略提供了依据。在线调研成功最主要的原因在于，他们知道哪些人填这份问卷才最有价值。在这份问卷中"顺便"搜集了答题人的电子邮箱，下次在做同样的问卷时，就可以直接把问卷链接发给目标受众，既省时间，效果也更好。

一、任务目的

掌握在线调研问卷设计的步骤、基本格式和注意事项，能够运用网上问卷有效投放的途径和方式发布在线调研问卷。

二、任务要求

1. 能够运用调研平台网站，设计一份在线调研问卷。
尝试使用下列调研平台网站：
- 问卷星 http://www.sojump.com；
- 天会调研宝 http://www.diaoyanbao.com；
- 爱调研 http://www.idiaoyan.com；
- 问卷网 http://www.wenjuan.com；
- 51 调查 http://www.51diaocha.com；
- 易调研 http://www.yidiao.net；
- 调查派 http://www.diaochapai.com；
2. 选择网上问卷有效投放的途径和方式发布在线调研问卷。

三、任务实施

选择问卷星（http://www.sojump.com）为调研平台。使用问卷星可以轻松创建在线填写的网络问卷，然后通过 QQ、微博、邮件等方式将问卷链接发给好友填写，问卷星会自动对结果进行统计分析，用户可以随时查看或下载问卷结果。其中免费版适合学生或个人用户，可用于各类公开的在线调查、评选、测试、报名、信息登记等。问卷星整个过程为：设计问卷—回收答卷—统计分析—下载结果。

（一）在线调研问卷的制作

1. 启动 IE（Internet Explorer），在 IE 窗口的地址栏输入 http：//www.sojump.com 登录问卷星网站，如图 2－7 所示。

图 2－7　登录问卷星网站

2. 注册为会员，如图 2－8 所示。

图 2－8　问卷星注册页面

3. 设计问卷。

用户可以使用问卷星提供的问卷模板设计一份新的问卷，也可以创建空白问卷，问卷样式可参照项目九的任务 4。

4. 输入问卷名称（标题）、问卷说明，点击"确定"按钮，如图 2 – 9 所示。

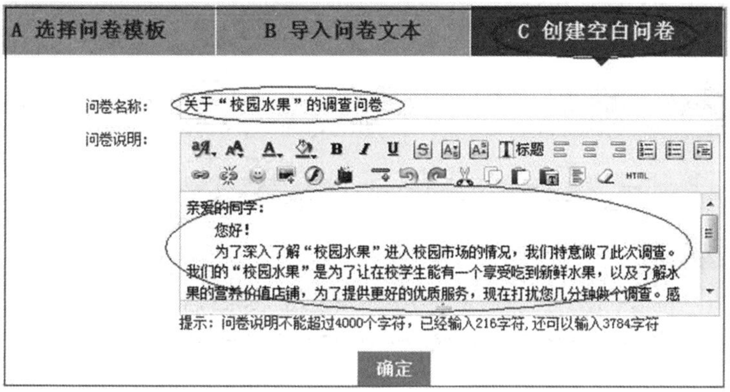

如图 2 – 9　创建问卷

5. 单击"单选题"，输入第一题标题、选项，点击"完成"按钮，如图 2 – 10 所示。

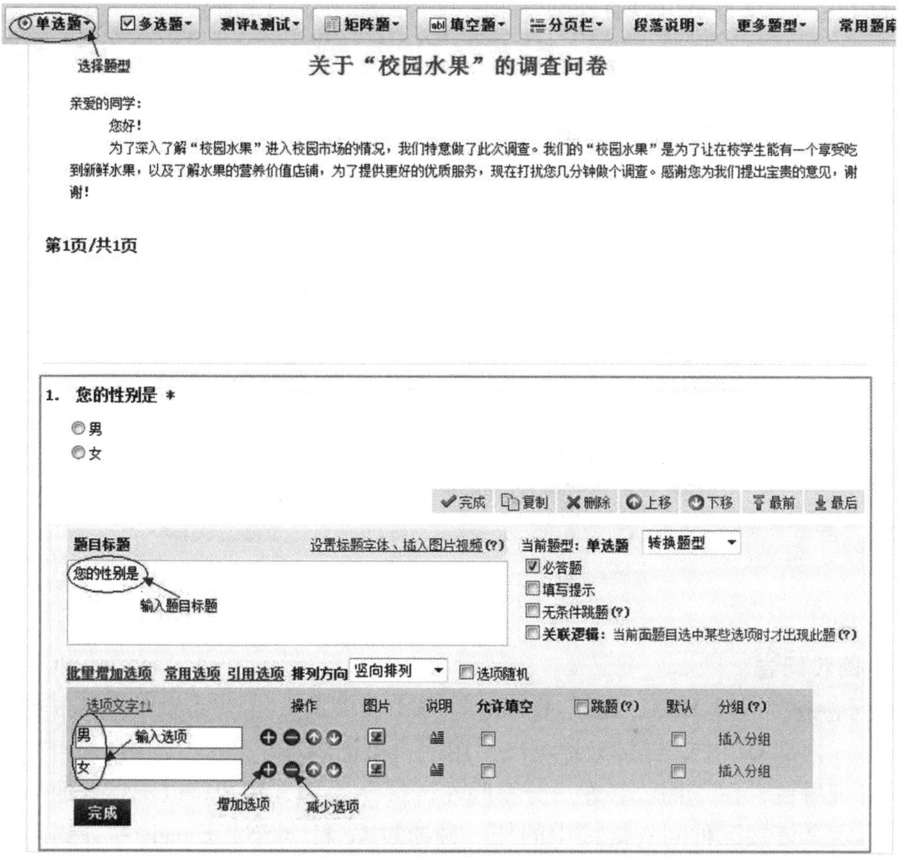

图 2 – 10　添加新题

6. 按照以上方法，添加所有题目后，点击"完成编辑"按钮。

7. 最后点击"发布此问卷"按钮，如图 2－11 所示。

图 2－11 发布问卷

8. 此时在问卷星首页可以看到刚发布的问卷，如图 2－12 所示。

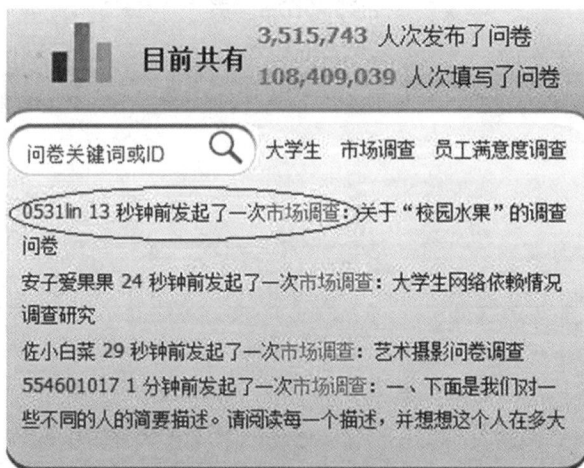

图 2－12 发布问卷显示

（二）回收问卷

1. 将问卷链接通过 MSN、QQ、E-mail 等方式直接发送给填写者，或公布到用户所在公司的网站或内部 OA 中，链接地址可以使用用户自己的域名。

进入管理后台，在"回收答卷—分享问卷链接"页面，用户可以选择普通链接、自定义来源、自定义链接三种问卷链接中的任一种通过 QQ、MSN、E-mail 等方式发送给受访者，如图 2－13 所示。

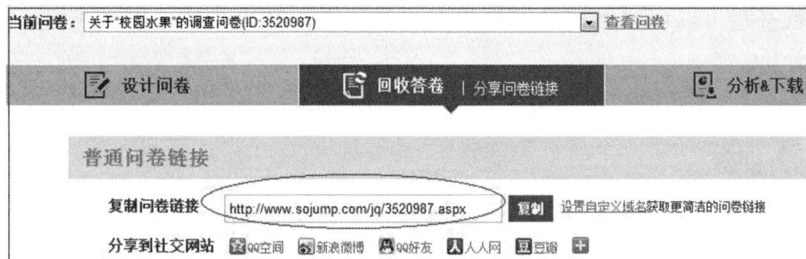

图 2－13 问卷链接

2. 导入填写者邮件地址，系统自动发送邀请邮件，可跟踪到收件人的填写状态并进行催答，一般用于内部员工满意度调查或测评。

3. 将问卷嵌入公司网站、用户博客或相关论坛中。

4. 通过问卷星的样本服务从样本库中邀请符合用户要求的目标人群填写问卷，以最低成本，在最短时间内获得用户需要的数据。

（三）统计分析

用户通过统计分析功能可以对答卷进行分类统计、交叉分析、自定义查询，另外还可以根据填写问卷所用的时间、来源地区和来源渠道等筛选出符合条件的答卷集合，并且能以数据表格、饼状图、柱状图、条形图、折线图等形式来呈现，所有图表能够以 Word 文档或 PDF 格式下载到本地，如图 2－14 所示。

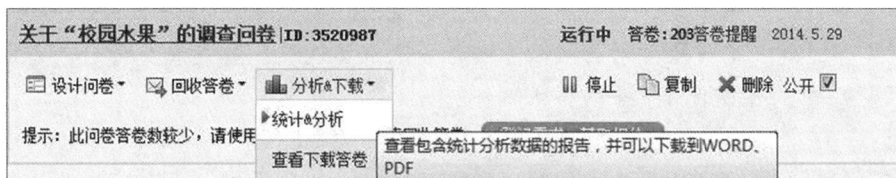

图 2－14 下载统计分析

（四）查看并下载

通过浏览答卷可以查看每一份答卷的详细内容、答卷来源 IP、地理位置、来源渠道、填写所用时间等附加信息，并排除掉不符合要求的无效答卷，如图 2－15 所示。

[illegible]	序号	提交答卷时间	所用时间	来自IP	来源渠道	您喜欢吃水果的原因
★查看 删除	1	2014/2/27 15:14	22秒	121.8.166.202(广东-广州)	链接(http://www.sojump.com/)	美容¦补充维生素
★查看 删除	2	2014/4/11 9:16	12秒	61.130.104.246(浙江-宁波)	链接(http://www.sojump.com/)	有益健康
★查看 删除	3	2014/4/11 9:17	33秒	125.71.233.135(四川-成都)	链接(http://www.sojump.com/)	美容¦有益健康
★查看 删除	4	2014/4/17 9:17	38秒	121.8.166.203(广东-广州)	链接(http://www.sojump.com/)	有益健康
★查看 删除	5	2014/4/21 9:59	32秒	58.248.10.36(广东-广州)	链接(直接访问)	补充维生素
★查看 删除	6	2014/4/28 12:08	14秒	116.26.153.166(广东-汕头)	互填问卷(1902015)	补充维生素¦有益健康
★查看 删除	7	2014/5/2 13:30	18秒	122.4.76.121(山东-济南)	互填问卷(1652280)	补充维生素
★查看 删除	8	2014/5/11 14:33	20秒	180.16.46.203(国外-日本)	互填问卷(1888928)	美容¦补充维生素¦有益
★查看 删除	9	2014/5/15 10:43	19秒	58.248.10.36(广东-广州)	IFrame(http://www.sojump.com/	补充维生素
★查看 删除	10	2014/5/15 22:40	169秒	180.213.96.83(天津-天津)	互填问卷(1981101)	美容¦补充维生素¦其他

图 2－15 答案汇总报表

通过下载答卷可以将原始答卷数据以 Excel 或 CSV 文档格式下载到本地，并导入 SPSS 中作进一步分析。

四、能力训练

1. 以"中职生消费观念"为主题，题目自拟，设计一份在线调查问卷（尽量为客观题），调研问卷的题目数量自定，但不能少于 10 道。

2. 登录问卷星（http：//www.sojump.com），并注册账号。在问卷星平台填写设计好的网络问卷，通过 QQ、微博、BBS、邮件等方式将问卷链接发给好友填写，问卷星会自动对结果进行统计分析，一周后下载问卷结果。

任务 3　撰写网络调研报告

情景案例

关于"外贸微果坊"的市场调研报告

电商专业的几名学生在微信组建"外贸微果坊"销售水果，为了摸清学生对校园水果的需求，这几名学生要对在校学生进行一次市场调查，收集相关资料，写成一份市场调研报告。网络调研报告的格式如何？

案例分析： 网络调研报告是网络市场调查结果的最后一步，需对前期获得信息进行科学加工，是市场调研的最终成果。一个完整的市场调查报告格式由题目、前言、调查目的、调查对象、调查内容、调查方法、资料整理和分析方法、调查结果总结、附录（调查问卷）等组成。

一、任务目的

掌握进行网络市场调研的基本能力，根据网络市场调研数据，规范撰写相应的市场调研报告。

二、任务要求

根据上次关于"校园水果"调查问卷的结果，进行市场分析，完成一份校园水果的网络调研报告。

三、任务实施

1. 拟定标题，如"关于查校园水果销售情况调查报告"等。

2. 明确调研目的，如了解校园水果销售的前景以及客户对水果的需求。为了开拓第二市场，同时也为了增强自己的实践能力，决定针对校园水果销售作一次调研。

3. 确定调查对象，如调查对象为中职生。

4. 设计调查方法，调查采用的是网上问卷调查的方法。

5. 实施调查，使用免费的问卷发布平台，设计好与调查相关的问题，制作好自己的问卷，然后在此平台上发布；问卷发布以后进行必要的宣传；对问卷的进展进行跟踪调查；最后查看问卷，对问卷的结果进行总结，得出相应的结论。

6. 调查数据分析与整理，撰写结论和建议，并完成调查报告。

参考样文

关于在校园水果销售情况调查报告

一、调查目的

了解校园水果销售的前景以及客户对水果的需求。为了开拓第二市场，同时也为了增强自己的实践能力，我们决定针对校园水果销售作一次调研。

二、调查对象

中职生。

三、调查项目和调查表

（略）。

四、调查时间

2014 年 5 月 3 日。

五、调查方式

网上问卷调查的方法（见关于"校园水果"的调查问卷）。

这种调查方法的好处在于调查范围广，调查对象更为随机，从而易做出更全面的结论。

六、调查的实施

使用免费的问卷发布平台，设计好与调查相关的问题，制作好问卷，然后在此平台上发布；问卷发布以后进行必要的宣传；对问卷的进展进行跟踪调查；最后查看问卷，对问卷的结果进行总结，得出相应的结论。

七、调查数据分析

本次调查共有203人参加并完成了问卷，我们主要针对中职生对水果的喜爱程度、需求状况、价格、附加服务以及兼卖零售等项目进行分析。

调查数据显示：中职生对水果的喜爱程度及需求状况为平均每人每天一个水果，其中50%的学生周末去购买水果，50%的学生不确定，其中水果种类以苹果、香蕉、

西瓜、哈密瓜等为主，这些水果种类主要作用为美容、健康。学校的市场需求很大，对于价格，

93%的学生认为当前的水果价格偏高，68%的学生不愿意到超市购买水果，其理由也是水果价格偏高。88%的同学希望"校园水果吧"能入校，能提供送外卖的附加服务，以方便同学购买。

大多数同学认为质量最重要，占35%；其次是服务态度，占15%；接着是价格，占10%；其他占10%。消费者对水果的质量、服务态度及价格都有不一样的要求，大众心理希望以最低的价格买到最好的水果。

兼卖零售方面的问题很少，超过一半的学生认为能够接受，从而可以看出兼卖零售可以被大部分消费者所接受。

学生消费者确实是一个很庞大的消费群体，并且随着夏季的来临，他们对水果的需求量会大大增加，我们应抓住这一机会，加紧开发市场，吸引顾客，就此，我们提出几条营销建议以供参考：

第一，推行高、中、低三档水果路线，由于学生的消费水平不一样，故我们可以针对不同类型的消费群体销售不同的水果，使得每一个学生都可以在我们的校园果坊购买到称心的水果。

第二，开店方式采用微店，店名为外贸微果坊。对于店址的选择，应尽量选在学生经常出入的地方，如宿舍门口或路旁，方便学生购买且来往学生较多，客流量比较大。

第三，对于价格，我们用绝对合理的价格，保证比任何一家水果店的价格都合理，此外我们还有一些价格优惠措施，如买一送一，VIP顾客可以享受八折优惠，每天前十位惠顾有礼品赠送等。

第四，在广告的宣传渠道方面，我们做到"你动嘴，我跑腿！新鲜水果，新鲜送达"。开店第一天，我们会在教室门口举行免费试吃活动，让客人吃了之后会不由自主地帮我们宣传。

第五，对于竞争，我们会在服务和质量上与对手竞争，当有了固定的客源之后，再采取进一步措施。所以我们组认为在校园销售水果的前景较好，我们会用最低的价格、最好的质量、最好的服务来吸引广大同学光临我们的小店。我们的宗旨是：买就送，促进某些水果的销售，兼卖零售可达到相互补充的作用，提高获利程度。百分百的物美价廉，让顾客满意！

四、能力训练

对某一个项目调查的结果或根据上次自己做过的网络市场调查的数据进行资料收集、整理，制作一份简单的网络调研报告，并制作PPT进行成果汇报。

【知识链接】

一、网络消费者

（一）什么是网络消费者和消费者购买行为

网络消费者是指通过互联网在电子商务市场中进行消费和购物等活动的消费人群。

消费者购买行为是指消费者为满足其个人或家庭生活而发生的购买商品的决策过程。

（二）网络消费者的特点

消费者行为以及购买行为永远是营销者关注的一个热点问题，它对于网络营销者也是如此。网络用户是网络营销的主要个体消费者，也是推动网络营销发展的主要动力，它的现状决定了今后网络营销的发展趋势和道路。网络消费者群体主要具备以下四个方面的特征：

1. 注重自我。目前网络用户多以年轻、高学历用户为主，他们拥有不同于他人的思想和喜好，有自己独立的见解和想法，对自己的判断能力也比较自信。他们的具体要求越来越独特，而且变化多端，个性化越来越明显。

2. 头脑冷静，擅长理性分析。网络用户以大城市、高学历的年轻人为主，不会轻易受舆论左右，对各种产品宣传有较强的分析和判断能力，因此从事网络营销的企业应该加强信息的组织和管理，加强企业自身文化的建设，以诚信待人。

3. 喜好新鲜事物，有强烈的求知欲。网络用户爱好广泛，对新闻、股票、网上娱乐都具有浓厚的兴趣，对未知的领域也有永不疲倦的好奇心。

4. 缺乏耐心。网络用户以年轻人为主，比较缺乏耐心，当他们搜索信息时，比较注重搜索所花费的时间，如果链接、传输的速度较慢的话，他们一般就会马上离开这个站点。

（三）网络消费者的购买动机

所谓动机，是指推动人进行活动的内部原动力，即激励人们行为的原因。人们的消费需要都是由购买动机引起的。网络消费者的购买动机，是指在网络购买活动中，能使网络消费者产生购买行为的某些内在的动力。我们只有了解消费者的购买动机，才能预测消费者的购买行为，以便采取相应的促销措施。

网络消费者的购买动机基本上可以分为两大类：需求动机和心理动机。

1. 需求动机。网络消费者的需求动机是指由需求引起的购买动机。要研究消费者的购买行为，首先必须研究网络消费者的需求动机。

美国著名的心理学家马斯洛把人的需要划分为五个层次，即生理的需要、安全的需要、社会的需要、尊重的需要和自我实现的需要。需求理论对网络需求层次的分析，具有重要的指导作用。而网络技术的发展，使现在的市场变成了网络虚拟市场，但虚拟社会与现实社会毕竟有很大的差别，所以在虚拟社会中人们希望满足以下三个方面的基本需要：

（1）兴趣。即人们出于好奇和能获得成功的满足感而对网络活动产生兴趣。

（2）聚集。通过网络可给相似经历的人提供一个聚集的机会。

（3）交流。网络消费者可聚集在一起互相交流买卖的信息和经验。

2. 心理动机。心理动机是由人们的认识、感情、意志等心理过程而引起的购买动机。网络消费者购买行为的心理动机主要体现在理智动机、感情动机和惠顾动机三个方面。

（1）理智动机：具有客观性、周密性和控制性的特点。

（2）感情动机：是由人们的情绪和感情所引起的购买动机。

（3）惠顾动机：是建立在理智经验和感情之上，对特定的网站、国际广告、商品生产特殊地信任与偏好而重复、习惯性地前往访问并购买的一种动机。

（四）消费者购买行为的类型

1. 根据消费者购买行为的复杂程度和所购产品的差异程度划分：

①复杂的购买行为；②减少失调感的购买行为；③寻求多样化的购买行为；⑤习惯性的购买行为。

2. 根据消费者购买目标选定程度划分：

①完全确定型；②半确定型；③不确定型。

3. 根据消费者购买态度与要求划分：

①习惯型；②理智型；③经济型；④冲动型；⑤疑虑型；⑥情感型；⑦不定型。

4. 根据消费者购买频率划分：

①经常性购买行为；②选择性购买行为；③考察性购买行为。

（五）网络消费购买过程

网上购物是指用户为完成购物或与之有关的任务而在网上虚拟的购物环境中浏览、搜索相关商品的信息，从而为购买决策提供所需要的必要信息，并实现决策的购买过程。消费者的购买决策过程，是消费者的消费需要、购买动机、购买活动和买后使用感受的综合与统一。网络消费的购买过程可分为以下五个阶段：确认需要—收集信息—比较选择—购买决策—购后评价。

1. 确认需要。网络购买过程的起点是诱发需求，当消费者认为已有的商品不能满足自己的需求时，才会产生购买新产品的欲望。

2. 收集信息。当需求被唤起时，每一个消费者都希望自己的需求能得到满足，所以，收集信息、了解行情成为消费者购买的第二个环节。

3. 比较选择。消费者需求的满足是有条件的，这个条件就是实际支付能力。消费者为了使消费需求与自己的购买能力相匹配，就要对由各种渠道汇集而来的信息进行比较、分析、研究，根据产品的功能、可靠性、模式、价格和售后服务，从中选择一种自认为"足够好"或"满意"的产品。

4. 购买决策。网络消费者在完成对商品的比较选择之后，便进入购买决策阶段。

5. 购后评价。消费者购买商品后，往往会对自己的购买选择进行检查和反省，以判断这种购买决策的准确性。购后评价往往能够决定消费者以后的购买动向，"满意的顾客就是我们最好的广告"。

二、网络市场调研

（一）什么是网络市场调研

网络市场调研又称网上市场调研，指企业为了达到特定的经营目标，利用互联网的信息传播媒体，有系统、收集、整理、分析和研究与市场有关的信息的过程。它是企业网络活动的起点，通过调查可以获得竞争对手的资料，分析目标市场和营销环境，为经营者细分市场、识别消费者需求和确定营销目标等提供相对准确的决策依据。

（二）网络市场调研的优点

与传统市场调研方法相比，利用互联网进行市场调研有很多优点：

1. 及时性和共享性。网络传输的速度非常快，网络信息能迅速传递给已连接上网的任何用户，开放的网上调研可以让网民参加投票和查看结果，这保证了网络信息的及时性和共享性。

2. 便捷性和低费用。在网络上进行调研，只需要一台能上网的计算机即可，可节省传统市场调研中所耗费的大量人力和物力。调查者可以在任何时间不受限制地发出电子调查问卷，网民自愿填写，直接接受调查填表，然后通过统计分析软件对访问者反馈回来的信息进行整理和分析。

3. 交互性和充分性。网络的最大优势是交互性和充分性。这体现在网上调查时，被访问者可以及时就与问卷相关的问题提出自己的看法和建议，可减少因问卷设计不合理而导致调查结论出现偏差等的问题；被访问者也可以自由地没有时间限制地在网上发表自己的看法。

4. 无时空和地域的限制性。网络市场调研可以24小时进行，同时也不会受到区域的限制。

5. 调研结果的可靠性和客观性。由于企业站点的访问者一般都对企业产品有一定的兴趣，所以这种基于顾客和潜在顾客的市场调研结果是客观、真实的，它在很大程度上反映了消费者的消费心态和市场发展的趋向。

6. 可检验性和可控制性。利用Internet收集网上调研信息，可以有效地对采集信息的质量实施系统的检验和控制。

（三）网络市场调研的基本方法

利用网络进行市场调查有两种方法：一种是直接进行的一手资料调查，即网上直接调查；另一种方法是利用互联网的媒体功能，在互联网上收集二手资料，即网上间接调查。

1. 网络市场直接调研。指的是为当前特定的目的在互联网上收集一手资料或原始信息的过程。直接调研的方法有四种：网上观察法、专题讨论法、在线问卷法和网上实验法。使用最多的是专题讨论法和在线问卷法。

调查问卷的基本结构一般包括三个部分，即标题及标题说明、调查内容（问题）

和结束语。

(1) 标题及标题说明是调查者写给被调查者的简短信，主要说明调查的目的、意义、选择方法以及填答说明等，一般放在问卷的开头。

(2) 调查内容主要包括各类问题、问题的回答方式及其指导语，这是调查问卷的主体，也是问卷设计的主要内容。

(3) 结束语一般放在问卷的最后，对被调查者表示感谢，也可征询一下被调查者对问卷设计和问卷调查本身的看法和感受，语气要诚恳亲切。

2. 网络市场间接调研。指的是网上二手资料的收集。二手资料的来源有很多，如公共图书馆、大学图书馆、贸易协会、市场调查公司、广告代理公司、专业团体、企业情报室等。

网上查找资料主要通过三种方法：利用搜索引擎；访问相关的网站，如各种专题性或综合性网站；利用相关的网上数据库。

(四) 网络市场调研的步骤

网络市场调研应遵循一定的程序，一般而言，应经过五个步骤：

1. 确定目标。确定调研目标对使用网上搜索来说尤为重要。互联网是一个永无休止的信息流。因此，开始网上搜索时，头脑里要有一个清晰的目标并留心去寻找。一些可以设定的目标如下：

(1) 谁有可能会在网上使用你的产品或服务？

(2) 谁是最有可能会买你提供的产品或服务的客户？

(3) 在你这个行业，谁已经上网？他们在干什么？

(4) 你的客户对你的竞争者印象如何？

(5) 在公司日常的运作中，可能要受哪些法律、法规的约束？如何规避？

2. 设计调研方案。具体内容包括确定资料来源、调查方法、调查手段和接触方式。

3. 收集信息。在确定调查方案后，市场调研人员可通过电子邮箱对互联网上的个人主页、新闻组或者邮箱进行相关的查询，之后就进入收集信息阶段。与传统的调研方法相比，网络调研收集和录入信息更方便、快捷。

4. 信息整理和分析。收集得来的信息本身并没有太大意义，只有进行整理和分析后才变得有用。整理和分析信息这一步非常关键，需要使用一些数据分析技术，如交叉列表分析技术、概况技术、综合指标分析和动态分析等。目前国际上较为通用的分析软件有 SPSS、SAS、BMDP、MINITAB 和 EXCEL 软件。

5. 撰写调研报告。调研人员从互联网上获得了大量的信息后，必须对这些信息进行整理和分析，通过筛选、分类、整理、统计等方法科学地加工，写出一份图文并茂的市场分析报告，直观地反映出市场的动态。

(五) 网络市场调研的内容

1. 市场需求调查。市场需求调查的目的在于掌握市场需求量、市场规模、市场占有率以及如何运用有效的经营策略和手段。

2. 消费者购买行为调查。具体包括：消费者的家庭、地区、经济等基本情况；消费者的购买动机；消费者喜欢在何时何地购买。

3. 营销因素调查。具体包括：产品的调查；价格的调查；分销渠道的调查；广告策略的调查；促销策略的调查。

三、调研报告的写法和标准格式

调研报告的写法和标准格式应包括如下几方面：

1. 题目。应以简练、概括、明确的语句反映所要调查的对象、领域、方向等问题。题目应能概括全篇，引人注目。

2. 前言（背景和目的）。主要包括研究背景和目的。背景介绍应简明、扼要、切题，一般包括一部分重要的文献小结；调查目的主要阐述调查的必要性和针对性，使读者了解概况，初步掌握报告主旨，引起读者关注。

3. 方法。详细描述研究中采用的方法，使读者能评价资料收集方法是否恰当。这部分一般包括以下几方面：地点、时间、调查对象、调查对象的选择（抽样方法）、样本量的估计；调查方法有定性、定量、质量控制等。

4. 结果与讨论。结果与讨论可以放在一起写，也可以分开写。结果和讨论分几节来完成，一般采用描述、分析、讨论等方式来写。

5. 结论与建议。结论要用扼要的文句把调研报告的主要内容概括起来，切忌重复文章内容。文字结构应该准确、完整、精练，高度概括文章的主要目的和结果；建议主要是为政府决策提出科学建议，为进一步深入研究提出建议。

6. 参考文献。列出主要理论依据和方法，以及有争议的论据。

7. 附录。在调查报告中只有局部使用或完全没有使用，但又与调查报告有关的具有科学价值的重要原始资料、数据，如调查问卷、访谈提纲、复杂的公式推导、计算程序、各类统计表、统计图等都可以放在附录中，它有利于说明和理解调查报告，又可提供有用的科学信息。

【思考与训练】

一、选择题

1. 需求层次理论是 1943 年由美国心理学家（　　）提出的。

A. 波登　　　　　　　　　　B. 赫杰特齐

C. 马斯洛　　　　　　　　　D. 温得尔·斯密

2. 你在购买牙膏、牙刷等生活必需品时的购买决策主要依据已往的经验和习惯，较少受广告宣传和时尚的影响，在购买过程中也很少受周围气氛、他人意见的影响，你的购买类型属于（　　）。

A. 习惯型　　　　　　　　　B. 冲动型

C. 疑虑型　　　　　　　　　D. 理智型

3. 根据美国人本主义心理学家马斯洛将人类需要按低级到高级的顺序分，属于人类最高级需要的是（　　）。

A. 自尊的需要　　　　　　　　　　B. 他人实现的需要

C. 自我表达的需要　　　　　　　　D. 自我实现的需要

4. 网络消费者的购买决策过程可以分为五个阶段，依次排列为（　　），这一过程是一周而复始的动态过程。

A. 收集信息阶段—比较选择阶段—购买决定阶段—购后评价阶段—产生需求阶段

B. 比较选择阶段—购买决定阶段—购后评价阶段—产生需求阶段—收集信息阶段

C. 产生需求阶段—收集信息阶段—比较选择阶段—购买决定阶段—购后评价阶段

D. 购买决定阶段—购后评价阶段—产生需求阶段—收集信息阶段—比较选择阶段

5. 网络消费者购买行为是指消费者为了满足（　　）的需要，而发生在网上购买商品的决策或行动。

A. 企业　　　　　　　　　　　　　B. 个人或家庭生活

C. 政府机构　　　　　　　　　　　D. 社会团体

6. 一份调研的问卷通常不包括（　　）。

A. 问卷的标题　　　　　　　　　　B. 问卷说明

C. 被调查者基本情况　　　　　　　D. 调查主题内容

E. 调查者情况

7. "您觉得这种电冰箱的质量怎么样？"这一提问有什么问题（　　）？

A. 包含的内容过多　　　　　　　　B. 没有表明时间

C. 内容过于笼统　　　　　　　　　D. 问题具有诱导性

8. 如果要研究较为隐秘的问题，如个人隐私问题，或者对一些复杂产品的使用效果评价，适合的调查方法是（　　）。

A. 访谈调查　　　B. 观察与试验　　　C. 座谈会　　　D. 深入访问

9. 市场调查的两个关键环节是（　　）。

A. 确定总体和抽取样本　　　　　　B. 实地调查和数据处理

C. 问卷设计和抽样设计　　　　　　D. 问卷设计和实地调查

10. 在线调查问卷与纸质调查问卷的基本结构类似的是（　　）。

A. 前言　　　　　B. 主体　　　　　C. 附录　　　　D. 前三者都是

二、判断题

1. 影响网络消费者购买行为的因素分为内在因素和外在因素。　　　　　　（　　）

2. 购买动机与购买行为有直接的因果关系，购买行为导致购买动机。　　（　　）

3. 网络消费者是网络营销的消费终端，也是推动网络营销发展的主要动力。（　　）

4. 购物地点是影响网络消费购物的外在因素。　　　　　　　　　　　　（　　）

5. 根据马斯洛的需求层次理论，低收入的网络消费者需求情况中安全需求所占的成分最多。　　　　　　　　　　　　　　　　　　　　　　　　　　　　　（　　）

6. 网络市场调研与传统市场调研相比，具有调研范围受成本、调查区域和样本数量限制的特点。 （　　）

7. 网络市场调研可以分为两类：网络市场直接调研和网络市场间接调研。 （　　）

8. 利用网上搜索引擎，可以收集到市场调研所需要的大部分第二手资料。 （　　）

9. 在线问卷法属于网络市场直接调研的方法。 （　　）

10. 网络市场调研受不同被访问者的时空限制。 （　　）

三、简答题

1. 简述网络消费者购买行为的影响因素。

2. 简述网络市场调研的步骤。

3. 网络市场调研的内容主要有哪些？

四、案例分析

1. 2014 年的母亲节，李小姐在一家淘宝店看中一件风衣，这件风衣款式非常新颖，价格也比较实惠，柳小姐点击了"立即购买"按钮，并支付了货款。收到货后，却发现这件风衣的做工及颜色与网页上的介绍差异很大，于是便联系卖家退货，并愿意承担运费，但遭到卖家的拒绝。

根据 2014 年 3 月 15 日发布的新版《消费者权益保护法》（简称新《消法》），分析上述案例中的李小姐是否有权要求退货？

2. 假设你想在校园内成立"校园微货坊"，旨在校园内打造"干果文化"，开始体验创业的过程。为了让更多同学了解干果的品种、营养、食用方式、保存等内容，在学校对干果的相关知识进行宣传和普及，也为你的创业做好准备，完成下列工作：

（1）确定网络市场调研目标，设计市场调查问卷，通过在线投放和线下调查相结合的方法收集第一手资料。

（2）根据收集到的资料，撰写调研报告。

项目三　编写网络营销文案

【学习任务】

1. 提炼商品卖点。
2. 撰写网络软文。

【学习目标】

1. 了解商品卖点的提炼方法，以及如何对商品进行差异化卖点提炼，掌握让商品最能够打动顾客的利益点。

2. 掌握撰写网络软文的技巧，了解软文营销对企业的发展和媒体网站权重起到的作用。

任务 1　提炼商品卖点

情景案例

---

iPhone 6 Plus 手机的相关卖点

卖点和产品基本功能与消费者核心利益息息相关，影响着消费者的购买欲望，如 iPhone 6 Plus 手机的"大屏设计"和"5P 镜头单位像素 1.5μ 尺寸"等多相关卖点。

岂止于大

| iPhone 6 | iPhone 6 Plus |
| 4.7 英寸 RMB 5288 起售 | 5.5 英寸 RMB 6088 起售 |

一、任务目的

掌握如何对商品进行差异化卖点提炼，如何吸引顾客购买你的商品，进行卖点策划。

二、任务要求

怎样才能吸引顾客购买你的商品，进行卖点策划。

三、任务实施

1. 顾客所提出的、所关心的，我们称为"买点"。关注"买点"就是站在消费者的角度来看待问题、考虑问题，这也是我们通常所说的关心顾客，帮助顾客解决他所面临的问题，只有这样才能得到顾客的认可。

2. 根据顾客的实际情况引导顾客关注我们的"卖点"，这包括顾客的显性需求和隐性需求。销售不是推销产品，而是教会顾客如何正确地选择产品。当然，这个标准肯定是让顾客用我们的"标准"来衡量其他品牌。

3. 通过化解竞品的优点来提炼"卖点"，即如何通过搜集、分析竞品的遗缺错漏来提炼自己的卖点展示自己的优势。

4. 根据顾客对我们产品的所谓"缺点"的疑问顺势提炼"卖点"。我们禁止自己的销售人员诋毁竞争品牌，但对于竞品对我们所谓"缺点"的攻击，我们如能善加利用，则会有意想不到的效果。如有人抨击某品牌说"价格高是因为他们做的广告太多……消费者其实是在为他们的广告买单"，而这时促销员说："我们是在 CCTV 打了广告，这是品牌发展的需要，在央视打广告都是要通过严格审核的，一般品牌想做广告都没有资格，而且这也是我们实力的体现，您想一想有些品牌连广告都做不起，您还敢相信他的产品质量吗?"

5. 用技巧来突出"卖点"。提炼卖点的一个宗旨就是：人无我有，人有我优，人优我转。"人优我转"一般是指尽量避开别人的优势，不要以卵击石，在这里我们理解为通过提炼差异化卖点，化劣势为优势，引导顾客从相反的方面去思考。

6. 通过产品作差异化卖点，这种差异化具有排他性和独占性的，它既可以是常规卖点，也可以是核心卖点，甚至是其他因素的卖点。如康××的"红烧牛肉面"的加量不加价就是将常规卖点包装成差异化卖点，金××的"1∶1∶1"就是将核心卖点差异化，如图 3-1 所示，而高速扩张时的格兰仕直接将价格当成最大的差异化卖点。

图 3 - 1　金龙鱼的差异化卖点

7. 共性的产品特性如是你第一个提出来，也能影响购买。普遍性的产品利益点，或者支持核心卖点的技术点，基本都属于共性的东西，一般不受创作人员的关注与重视。但是若策划得好，操作得当，一样可达到效果，乐百氏的"27层过滤"，农夫山泉的"有点甜"都做到了这点，如图 3 - 2 所示。

图 3 - 2　农夫山泉的卖点

参考样文

厂家如何提炼卖点

1. 厂家的硬件，包括销售网络、占地面积、生产设备、人员规模等。硬件是企业实力与能力的体现，销售人员通常都会通过强大的硬件来评定自己的龙头地位，如奇瑞捷豹路虎工厂冲压车间占地面积为 36 067 平方米，拥有两种压机线，其中伺服压机线是目前世界上运行最快的生产线，可达 20 SPM（每 3 秒出 1 个件），确保节能及具有复合材料的性能；机械压机线可达 15 SPM。

2. 厂家的软件, 主要包括高素质队伍、服务理念、企业文化、行业荣誉、社会地位、销售规模等, 这是一个品牌影响力的体现, 也是众多销售人员引以为豪的。

3. 产品本身, 主要包括产品的材质、工艺、功能、细节、颜色、造型、质量、环保、人性化等。从产品本身提炼卖点是最常用的, 也是顾客关注最多的, 毕竟产品本身是所有价值的"载体"。

4. 赋予产品额外的价值。通过一系列的调研和市场策划, 进行产品的市场定位和人群细分, 给产品进行"增值", 或创造出新的产品概念, 用概念突出卖点, 甚至说产品概念是产品最大的卖点。

四、能力训练

提炼出校企合作家商城的阿隆索 A5 炫彩 LED 蓝牙音箱 (http://sound.it168.com/a2015/0303/1708/000001708448.shtml) 的卖点, 如图 3 - 3 所示。

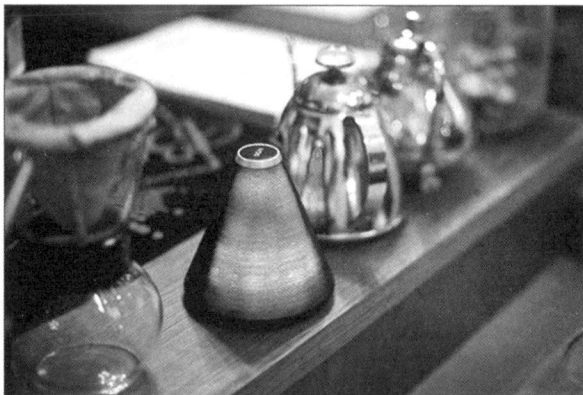

图 3 - 3 阿隆索 A5 炫彩 LED 蓝牙音箱

功能特性: 蓝牙 4.0 音箱, 支持 TF 插卡主流的 MP3/WMA/WAV 音乐格式和 APE/FLASH 无损音频文件, 带 LED 灯。

分析: 卖点要突出便于传播的特点, 对消费者则有较强的吸引力, 如阿隆索萤火虫蓝牙音箱的"魔彩灯光"。但是绝不能无中生有, 哗众取宠, 理所当然地胡编乱说。任何卖点都要经得起推敲, 要有技术支持。欺骗消费者到头来只可以说是拿石头砸自己脚, 使卖点成为同行业界的"笑点", 成为竞争对手用来打压自己的"缺点"和消费者的"骂点"。所以提炼卖点要分为三个步骤, 确定新品卖点包装方案—终端现场试销—根据测试结果进行卖点调整。

五、任务小结

厂家提炼卖点，其实就是结合顾客的要求、喜好和实际情况在销售过程中灵活地提炼和应用卖点，而不是照本宣科地去推销所谓的卖点，从"要顾客知道"转化成"顾客要知道"。

任务2 撰写网络软文

情景案例

阿隆索蓝牙音箱

阿隆索（国内知名蓝牙音箱品牌）在成立之初，始终坚持着"以消费者体验为中心"的理念，在没有投入任何广告的情况下，完全依靠产品的独特性，利用软文营销最终成了家喻户晓的蓝牙音箱领导品牌。

阿隆索在最开始进入互联网并没有采用大面积铺硬广告的形式进行，而是专门从网络软文开始，针对其产品撰写了一大批阐释性文章、深度文章、评测文章、用户体验文章等在IT168、泡泡网等垂直IT媒体刊登。后来，全国的无论是大众媒体还是小众媒体也在疯狂转载阿隆索的文章。产品的销量也随着媒体的转载直线上升，成功开启了新产品的市场。

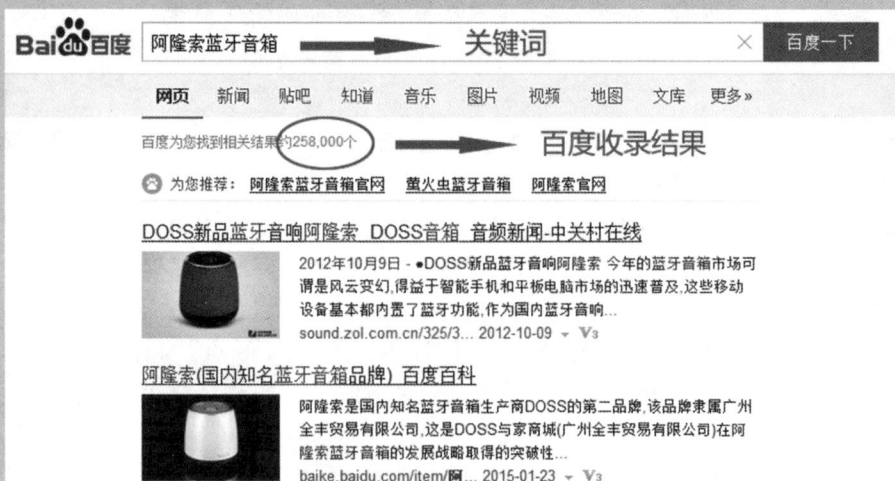

一、任务目的

了解什么是软文、软文营销有哪些优势，掌握撰写网络软文的技巧，学会撰写网络软文。

二、任务要求

写一篇关于阿隆索 A5 炫彩 LED 蓝牙音箱软文。

三、任务实施

（一）撰写软文技巧步骤

1. 标题。标题一定要醒目、立意要新。比较常用的标题套路有：

（1）数字型标题。

（2）流行语标题。

（3）联想型标题。

（4）建议型标题。

（5）夸张型标题。

（6）揭秘式标题。

2. 开头。文章的开头也是很重要的一部分，一段好的开头是决定读者是否会继续阅读文章的关键。有人把文章的开头比喻成"凤头"，俊美靓丽，让人有一种美的享受。开头主要有以下几种方法：

（1）开门见山。

（2）情景导入。

（3）引用名言。

（4）巧用修辞。

3. 正文。一篇好的文章除了有一个好的标题，其次要有一个好的内容，好的内容就如同女人的好身材。只有你的身材凹凸有致，够火辣、够魅力，才能勾起人们看下去的欲望，所谓的文如其人还是有几分道理的。

4. 结尾。写软文如果没有恰当的收尾，就相当于一个出色的歌手，在演唱的过程中忘词了，让人很失望。掌握以下常用的收尾方式会让软文撰写"进退自如"，进可展开，退可收尾。

（1）首尾呼应。

（2）点题式。

（3）余味无穷式。

（4）祝福式。

（5）自然收尾。

（二）软文发布流程

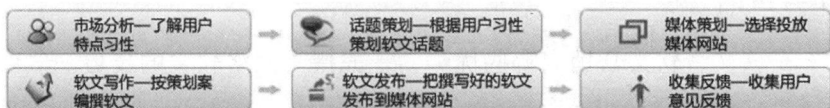

图 3-4　软文发布流程

参考样文

DOSS 阿隆索 A5 正在改变蓝牙音箱行业历史

【IT168 资讯】2014 年 10 月 7 日下午，瑞典皇家科学院宣布，将 2014 年诺贝尔物理学奖联合授予日本科学家的赤崎勇（Isamu Akasaki）、天野浩（Hiroshi Amano）以及美国加州大学圣巴巴拉分校的美籍日裔科学家中村修二（Shuji Nakamura），以表彰他们在发明一种新型高效节能光源方面的贡献，即蓝色发光二极管（LED），为能源节省开拓了新空间。

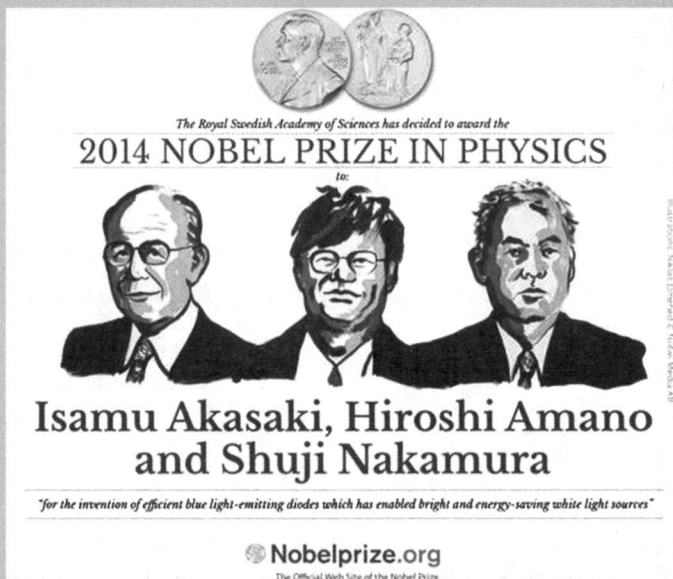

蓝光 LED 既节电又环保，耗电量比常规的白炽灯节省 90%，比荧光灯节省 30% ~ 40%，而且不含汞，是绿色环保的理想新光源。LED 发展的历史已经很长了，最早的是诞生于 20 世纪 70 年代的红光二极管，接着，黄光二极管也迅速面世，其后，被认为是"20 世纪不可能完成任务"的蓝光二极管也已经诞生了。如今，LED 灯已经几乎是无处不在——从桥梁到车头灯再到钥匙扣、手电筒，都使用看起来比太阳还要明亮的 LED 灯光。现在，蓝牙音箱知名品牌 DOSS 阿隆索又把 LED 灯应用到了蓝牙音箱上，在 2014 年推出了一款内置 LED 灯的阿隆索 A5 炫彩 LED 蓝牙音箱。

阿隆索 A5 的出现，彻底改变以往享受音乐的方式。让好声音可以被看得见，让迷人的色彩可以被听得见，让蓝牙音箱不仅有可听性，更具有可观性，给大家带来前所未有的震撼视听双重盛宴。据了解，这款音箱内置了 72 颗 LED 灯，全机身 360 度彩色灯光萦绕，造成极大视觉冲击效果。它有螺旋式、跳跃式、游走式、幻彩式 4 种灯光模式，能够随着音乐的跳动而闪烁。每种模式下都能配合自己喜欢的音乐进行多色交换，并且可以随心所欲地控制灯光的开关。

　　蓝光 LED 的出现，正在改变照明工业的历史。然而，DOSS 阿隆索 A5 炫彩 LED 蓝牙音箱的出现，带领了一股新的音乐风潮，逐渐地改变了蓝牙音箱行业的历史。两者的出现，说明了我国 LED 产品的应用已经覆盖了各行各业，并且不断地开发出更多新的用途，加快了 LED 在行业的健康发展。

　　（资料来源：何曼 . Doss 阿隆索 A5 正在改变蓝牙音箱行业历史 . IT168 音箱频道）

四、能力训练

1. 请写一篇你最了解的产品行情软文。
要求：标题要突出，300 字以上，于 QQ 空间发布。
2. 请写一篇你最喜欢的产品图赏软文。
要求：标题要突出，产品图片要高清，大小为 800 * 800 像素，于微信朋友圈发布。
3. 请写一篇你最了解的产品导购软文。
要求：标题要突出，3 款产品以上，800 字以上，于 QQ 空间发布。

五、任务小结

　　学会掌握撰写原创网络软文的技巧，并运用网络软文来提升企业品牌形象或媒体网站的权重，重视网络软文对企业发展起到的重要作用。

【知识链接】

一、提炼商品卖点

1. 什么是卖点。

卖点指商品具备了前所未有、别出心裁或与众不同的特点。

产品卖点是市场营销的前哨战，是市场营销的突破口。对消费者来说，卖点是产品满足目标受众的需求点；对厂家来说，卖点是产品火爆市场的一个必需的思考点；而对于产品自身来说，卖点是其存在于市场的理由。

2. 提炼的基本元素。

情感诉求、功能诉求、原料诉求、历史诉求、工艺诉求、产地诉求、技术诉求、品牌基因诉求、色彩诉求、味道诉求、感觉诉求、欲望诉求等诸多元素，在选择时一定要进行横向和纵向的类比。

3. 卖点提炼的途径。

(1) 产品自身角度：与产品基本功能、消费者核心利益息息相关，影响消费者购买的卖点。

(2) 第一说辞角度：共性的产品特性若你能第一个提出来，则能影响购买。它是一般性的、普遍性的的产品利益点，或者支持核心卖点的技术点。

(3) 真正的唯一角度：差异化卖点——与众不同的，具有排他性、独占性，它既可以是常规卖点，也可以是核心卖点，甚至是其他因素的卖点。

4. 常见的卖点模式。

(1) 是卖"情感"，攻心为上。

(2) 是卖"特色"。

(3) 是卖"形象"。

(4) 是卖"品质"。

(5) 是卖"服务"，流行走俏。

(6) 是卖"概念"，打造差异。

(7) 是卖"文化"，以柔克刚。

(8) 是卖"感觉"。

二、撰写网络软文

1. 什么是软文。

所谓软文是指企业策划人员或广告公司文案人员将宣传的人、事、物等内容完美结合在一起，让用户在阅读文章时能够了解策划人所要宣传的东西，一篇好的软文是双向的，即要让读者既得到他需要的内容，也可了解到你所需要宣传的内容。

软文的两种定义：①狭义：指企业花钱在报纸、杂志、媒体网站等宣传载体上刊登的纯文字性的广告；②广义：指企业通过策划在报纸、杂志或网络媒体等宣传载体上刊登的可以提升企业品牌形象和知名度，或可以促进企业销售的一些宣传性、阐释性的文章，包括特定的新闻报道、付费短文广告、案例分析等。

传统软文与网络软文的特点对比

特点	传统软文	网络软文
介质	以印刷或打印为基础的表现形式	门户网站、QQ、微信、微博、论坛、企业网站、博客、网页等
成本	撰写要求高、发布成本高	可以根据不同传播途径的特点进行撰写，形式灵活多变，发布可以付费也可免费
发布时间	时间长	随时可以发布
覆盖面	限于媒介的传播范围	基于互联网，覆盖范围不受限
针对性	很难找到精准的目标人群	结合搜索引擎，可以找到精准的目标群体
寿命周期	短，难保存	长，只要服务器不出问题，就永远存在
整合性	比较差，不同的媒体出版的周期不一致	撰写完成后，可以根据不同传播途径进行再次修改、提炼，在同一时间段可以进行整合操作
客户体验	差，需要打电话咨询或再次上网检索获取信息	强，通过嵌入的图片或链接，点击即可获取所需信息
互动性	差，需要向媒介反馈	强，可以直接回复

2. 撰写网络软文的目的。

（1）为提升品牌形象而进行原创写作。

（2）为直接达成销售产品的目的而进行原创写作，如图所示。

網易数码 网易首页 > 数码频道 > 硬件首页 > 正文

智能蓝牙音箱 阿隆索2 DS-1188S仅168元

2014-03-21 13:51:03 来源：IT168(北京) 有0人参与 分享到 ▾

　　【IT168 行情】阿隆索2代DS-1188S作为热销单品阿隆索的升级版，音质更有突破，在原有DOSS专利Air-Bass技术的基础上，精心改良。阿隆索2顶端整块金属网罩设计，声音环绕发散。一流钕铁硼磁钢杨声器和开阔机体设计，使得音质更纯真无瑕，魔力无限。感兴趣朋友可以了解下(http://item.taobao.com/item.htm?spm=a1z10.1.w4004-6188468497.10.awhvRW&id=37881672794)

（3）为丰富网站内容而进行原创写作，如图所示。

（4）为优化链接资源而进行原创写作，如图所示。

（5）为提升网站的权重而进行原创写作，如图所示。

3. 软文的五要素。

软文的五要素：为什么说，对谁说，说什么，何时说，何地说，即 5W（Why，Whom，What，When，Where）。软文的五要素，缺一不可。

为什么说：就是为什么要写这篇软文。

对谁说：软文的目的就是要把你所宣传的信息准确地传达给目标受众。

说什么：就是要把你想传达的中心思想准确地说出来，在写作时将产品的主要功能和与众不同的特色用最精练的文字表现出来。

何时说：即选择什么时候投放软文。

何地说：就是将软文选择投到什么媒体平台去。

【思考与训练】

一、选择题（多选题）

1. 软文营销的优势有哪些（   ）。

A. 成本高，性价比低   B. 不利于二次或多次传播

C. 持续性强   D. 受众更精准

E. 操作更灵活

2. 软文发布的最佳时间是（   ）。

A. 周一至周五的 10 点到 11 点之间   B. 工作日下班时间的 18 点到 23 点之间

C. 周末午饭后的 13 点到 14 点之间   D. 周末晚饭后的 17 点到 20 点之间

E. 周末的 23 点之后

3. 软文撰写的禁忌有哪些（   ）。

A. 忌不重视读者   B. 忌标题差

C. 忌拖泥带水   D. 忌吹大牛

E. 忌有头无尾

二、简答题

1. 产品如何进行卖点提炼？

2. 为什么要提倡网络软文的原创性？

3. 软文的标题字数和正文字数多少合适？为什么？

项目四 制定网络营销策略

【学习任务】

1. 了解网络营销产品策略中的一些基础知识。
2. 了解网络营销定价策略中的"黄金定价法则"。
3. 了解网络营销渠道策略中的一些选择类型。
4. 了解网络营销促销策略中的一些活动方案。

【学习目标】

1. 掌握网络商品名称和商品描述的确定过程，并了解产品整体概念。
2. 掌握"黄金定价法则"的应用条件和实施过程，并了解三种类型的定价方法。
3. 学会依据企业特点为企业选择适合的网络营销渠道类型。
4. 学会依据企业商品及企业经营的实际情况，为企业制订灵活有效的网络促销活动方案。

任务1 制定网络营销产品策略

情景案例

海尔的产品策略

海尔集团根据市场细分的原则，在选定的目标市场后，确定了消费者需求，有针对性地研制开发多品种、多规格的家电产品，以满足不同层次消费者的需求。如海尔洗衣机是我国洗衣机行业跨度最大、规格最全、品种最多的产品。在洗衣机市场上，海尔集团根据不同地区的环境特点，考虑不同的消费需求，提供不同的产品。针对江南地区"梅雨"天气较多、衣服不容易干的情况，海尔集团及时研发了集洗涤、脱水、烘干于一体的海尔"玛格丽特"三合一全自动洗衣机，以其独特的烘干功能，迎合了饱受"梅雨"之苦的消费者的需求。此产品在上海、宁波、成都等市场引起轰动。针对北方水质较硬的情况，海尔集团研发了"爆炸"洗净的气泡式洗衣机，即利用气泡爆炸破碎的软化作用，提高20%以上的洗净度，从而受到消费者的欢迎。针对农村市场，研制开发了下列产品：①"大地瓜"洗衣机，适应盛产红薯的西南地区的农民图快捷省事，在洗衣机里洗红薯的需要；②小康系列滚筒洗衣机，针对较富裕的农村地区；③"小神螺"洗衣机，价格低、宽电压带、外观豪华，非常适合广大农村市场。

一、任务目的

通过对"阿隆索蓝牙音箱"商品发布过程的分解，体验在网络营销中如何实施产品策略。

二、任务要求

1. 通过对"阿隆索蓝牙音箱"商品名称的确定，体会网络营销中产品策略的贯彻。
2. 通过对"阿隆索蓝牙音箱"商品描述的确定，体会网络营销中产品策略的贯彻。

三、任务实施

1. 观看"阿隆索蓝牙音箱"图片、广告和说明（如图4-1、图4-2、图4-3），为此产品起一个商品名称。

图4-1　阿隆索蓝牙音箱

图 4 - 2　阿隆索蓝牙音箱广告

主要特征：
隐藏式插卡、智能语音报号、蓝牙通话、时尚多彩外观、高保真音效

功能特点：
1．匹配平板电脑、智能手机以及各类携带蓝牙功能的智能终端设备。
2．隐藏式TF插卡播放功能，使用范围更广泛。
3．采用了航空级的全压铸锻工艺，使用的锌锰合钢材料在恒温、耐用性、抗摔、抗压等方面都有着卓越的表现，尽显高雅别致。
4．真人语音提示，操作简便，按键简洁。
5．采用DOSS专有的Air-Bass气动增压技术，低频震撼，中频柔润，高频透亮，显著减少失真，适合人声以及流行乐的播放。
6．来电语音报号，一键直接接听。
7．灯光提示电量以及蓝牙连接工作方式，一目了然，人性化设计。
8．多种绚丽色彩可供选择。

图 4 - 3　阿隆索蓝牙音箱说明

步骤一：列出本产品的属性关键词。

属性关键词，是指商品的名称或俗称，包括商品的类别、规格、功用等信息的字或词。例如：

| 音箱 | 蓝牙音箱 | DS -1188 | 插卡 | …… |

步骤二：列出本产品的促销关键词。

促销关键词，是指关于清仓、折扣、甩卖、赠礼等信息的字或词。例如：

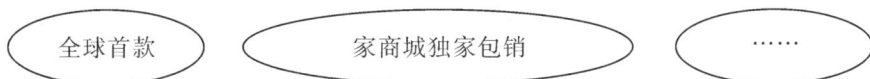

| 全球首款 | 家商城独家包销 | …… |

步骤三：列出本产品的品牌关键词。

品牌关键词，可以包括商品本身的品牌，也可以包括店铺的品牌。例如：

| DOSS | 阿隆索 | 家商城 |

步骤四：列出本产品的评价关键词。

评价关键词，也叫口碑关键词，是给顾客一种心理暗示，满足顾客想获得可靠的产品质量承诺、商家信誉保证的心理要求。例如：

| 精品 | 时尚 | …… |

步骤五：关键词组合。

有两种关键词组合的形式，例如：

①促销关键词＋属性关键词；

②品牌关键词＋属性关键词；

③评价关键词＋属性关键词。

也有三种关键词组合的形式，例如：

①促销关键词＋品牌关键词＋属性关键词；

②品牌关键词＋评价关键词＋属性关键词；

③评价关键词＋促销关键词＋属性关键词。

四种关键词都出现在商品名称中也可以，只要不超过 30 个汉字、60 个字节的容量即可。但哪种组合也不能少了属性关键词，且整个商品名称要适当使用空格或"/"隔断，保证这个商品名称通顺易读。

步骤六：获得最终的商品名称。

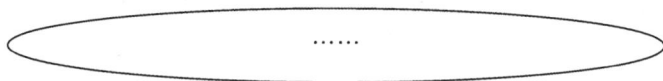

……

家商城阿隆索蓝牙音箱商品名称示例，如图 4-4 所示。

图 4-4　家商城阿隆索蓝牙音箱商品名称示例

2. 根据产品说明书，用图文并茂的形式为"阿隆索蓝牙音箱"设计商品描述内容，商品描述容量是 25 000 个字节。

步骤一：列出本产品的商品品牌，如图 4-5 所示。

图 4-5　阿隆索蓝牙音箱品牌介绍

步骤二：列出本产品的商品型号，如图 4 - 6 所示。

图 4 - 6　阿隆索蓝牙音箱产品参数

步骤三：列出本产品的外观优点，如图 4 - 7 和图 4 - 8 所示。

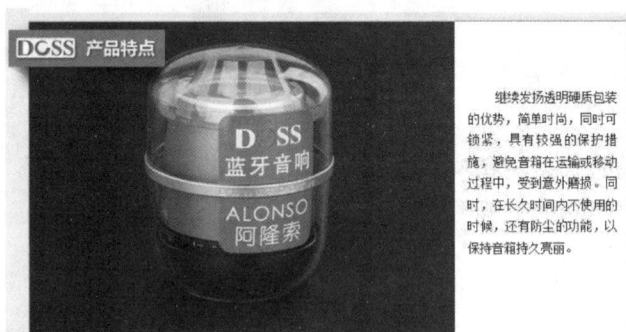

图 4 - 7　阿隆索蓝牙音箱外观设计优点一

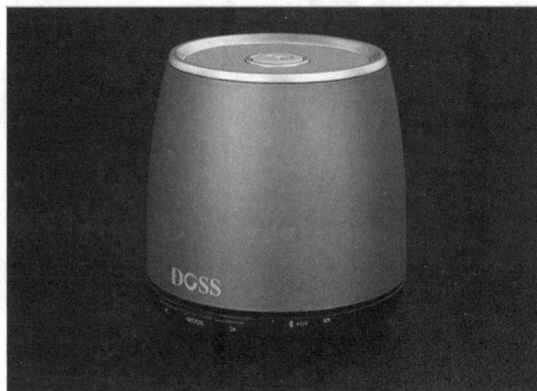

图 4 - 8　阿隆索蓝牙音箱外观设计优点二

步骤四：列出本产品的使用功能优点，如图4－9所示。

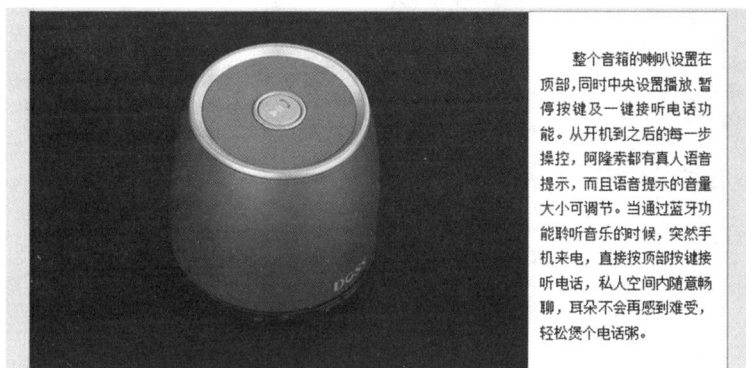

整个音箱的喇叭设置在顶部,同时中央设置播放,暂停按键及一键接听电话功能。从开机到之后的每一步操控,阿隆索都有真人语音提示,而且语音提示的音量大小可调节。当通过蓝牙功能聆听音乐的时候,突然手机来电,直接按顶部按键接听电话,私人空间内随意畅聊,耳朵不会再感到难受,轻松煲个电话粥。

图4－9　阿隆索蓝牙音箱使用功能优点

步骤五：列出使用本产品的操作步骤，如图4－10、图4－11、图4－12所示。

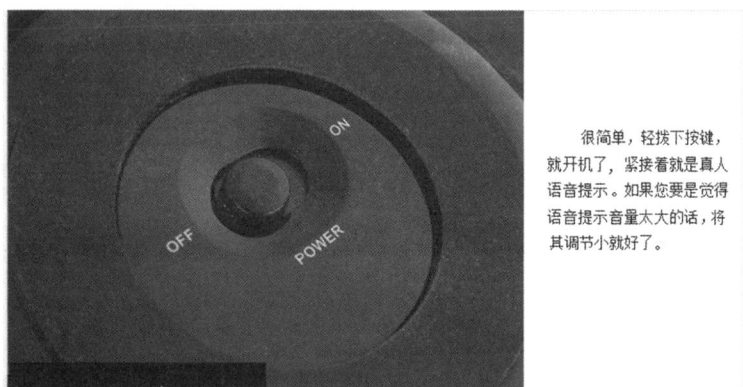

很简单,轻拨下按键,就开机了,紧接着就是真人语音提示。如果您要是觉得语音提示音量太大的话,将其调节小就好了。

图4－10　阿隆索蓝牙音箱开机

当您打开阿隆索后,这个蓝色的提示灯就会频繁闪烁,意思是您现在可以打开手机蓝牙,准备配对了。这不是我说的,这是阿隆索真人语音提示告诉您的。

图4－11　阿隆索蓝牙音箱的蓝牙提示（带语音）

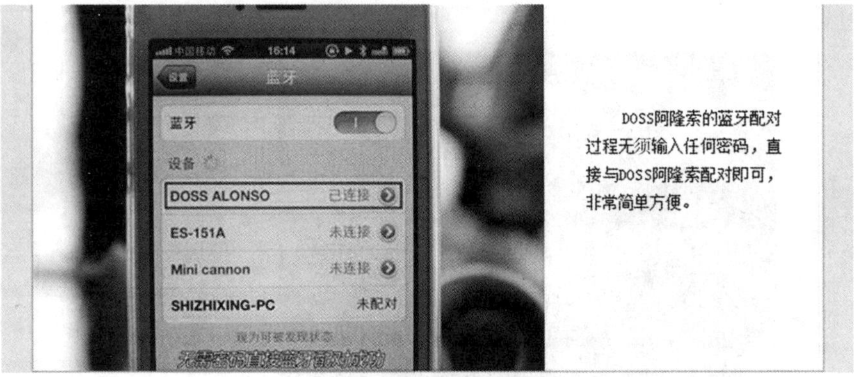

DOSS阿隆索的蓝牙配对过程无须输入任何密码，直接与DOSS阿隆索配对即可，非常简单方便。

图4-12　阿隆索蓝牙音箱的蓝牙状态

注：使用产品的步骤还有很多，这里省略。

步骤六：列出本产品的使用范围，如图4-13所示。

图4-13　阿隆索蓝牙音箱的使用范围

步骤七：列出本产品的近期销售记录，如表4-1所示。

表 4 - 1　阿隆索蓝牙音箱的销售记录

买家	购买价	购买数量	购买时间
谷＊＊＊	99.000	1（钛金灰）	2013 - 12 - 25
840＊＊＊	99.000	1（天际蓝）	2013 - 11 - 19
林＊＊＊	188.000	1（钛金灰）	2013 - 07 - 01
陈＊＊＊	188.000	1（天际蓝）	2013 - 05 - 24
陈＊＊＊	188.000	1（天际蓝）	2013 - 05 - 23
上＊＊＊	188.00	12（天际蓝）	2013 - 05 - 21
陈＊＊＊	188.00	12（钛金灰）	2013 - 05 - 14
上＊＊＊	188.00	12（苹果白）	2013 - 05 - 08
上＊＊＊	188.00	12（幸运红）	2013 - 05 - 08
上＊＊＊	188.00	24（钛金灰）	2013 - 05 - 08

四、能力训练

1. 登录家商城（http://www.gqt168.com），搜索至少 3 类商品，并打开每类商品中排名前 5 位商品的子页，列出各产品的商品名称，并列出所用的关键词，可进一步分析关键词的类别，完成表 4 - 2。

表 4 - 2　填制商品名称中的关键词类别分析

商品名称	关键词	备注
……		

2. 登录家商城（http://www.gqt168.com），搜索至少 3 类商品，并打开每类商品中排名前 5 位商品的子页，列出各产品的商品描述都涉及哪些方面，完成表 4 - 3。

表 4 - 3　填制商品描述中内容的类别分析

商品名称	商品描述涉及哪些方面	备注
……		

任务2 制定网络营销定价策略

情景案例

海尔的定价策略

海尔产品定价的目的是树立和维护海尔的品牌和品质形象，具体的定价策略如下：

1. 撇脂定价。即将价格定得比产品对大多数潜在顾客的经济价值来讲相对较高，以便从份额虽小但价格敏感性较低的消费者细分中获得利润。采用这种定价策略的前提是公司必须有一些手段阻止低价竞争者的进攻，如专利或版权、名牌的声誉、稀缺资源的使用权、最佳分销渠道的优先权等。

2. 海尔产品定价的原则：

(1) 产品价格，即消费者认可的产品价值。

(2) 消费者关注产品价值比关注产品价格多得多。

(3) 真正的问题所在是价值，而不是价格。

海尔的价格策略从来都不是单纯地卖产品策略，而是依附于企业品牌形象和尽善尽美的服务之上的价格策略。这种价格策略赢得了消费者的心，也赢得了同行的尊重与敬佩，更赢得了市场。

海尔的定价策略还依托于其强大的品牌影响力，这点在大中城市体现得尤为明显。海尔在每个城市的主要商场，都选择了最佳的位置，将自己的展台布置成商场内最好的展台；海尔还常年坚持在中央和地方媒体上做广告宣传，且几乎全是企业品牌形象宣传和产品介绍，对于价格则从没"重视"过。正因为如此，"海尔"两个字已经成为优质、放心、名牌的代言词。海尔的定价策略概括起来，即①价值定价策略；②创新产品高价策略。

一、任务目的

通过运用网上定价方法之一的"黄金定价法则"对雪地靴进行商品定价，体验在网络营销中如何实施定价策略。

二、任务要求

1. 了解"黄金定价法则"的应用条件。
2. 了解在淘宝网上如何实施"黄金定价法则"。

三、任务实施

1. 启动 IE（Internet Explorer），在 IE 窗口的地址栏输入网址 http://www.taobao.com，打开淘宝网首页。

2. 在淘宝网首页的搜索文本框下方，单击热词"雪地靴"，开始搜索，如图 4-14 所示。

图 4-14 搜索雪地靴

3. 在搜索结果页面中，淘宝运用网站数据，把所有雪地靴的价格区间按顾客喜欢程度分为 5 个等级，用柱状图表示了出来，如图 4-15 所示。

图 4-15 雪地靴的五个价格区间

4. 用鼠标指针指向柱状图的某一个柱子时，灰色的柱子会变为黄色，而此价格区间的最低价和最高价也会出现在柱状图左侧的方框中，如图 4-16 所示。

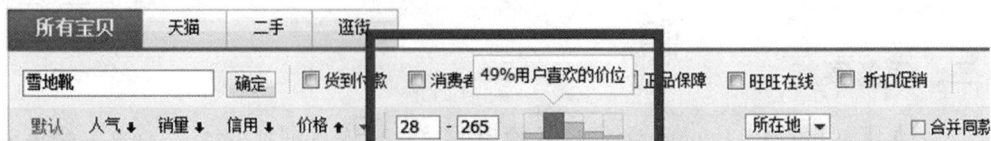

图4-16　淘宝宝贝某个价格区间的最低价和最高价

5. 确定我们的宝贝属于哪个价格区间。假设我们的宝贝应该属于上图显示的区间，那么就可以用"黄金定价法则"来确定具体的价格。公式是：

最低价 +（最高价 - 最低价）×0.618 = 具体价格

即：$28 + (265 - 28) \times 0.618 = 174.466 \approx 175$

注意，上述的定价方法是从顾客方面获得的，通过淘宝网的数据，商家在选款和选择进什么档次的产品的时候就有一个价格方面的参考，同时也能知道设定怎样的价格能让喜爱此产品的人群范围变得更大。

四、能力训练

登录淘宝网（http://www.taobao.com），搜索至少5类商品，确定这些商品最受欢迎的价格区间，并用"黄金定价法则"算出参考价位，完成表4-4。

表4-4　应用"黄金定价法则"分析价格

商品名称	最受欢迎的价格区间值 （最小值、最大值）	用"黄金定价法则" 算出的参考价位	选款建议
……			

任务3 制定网络营销渠道策略

情景案例

微站宝——新型网络营销渠道为企业发展迎来新的商机

微站宝是广州蓝狮网络科技有限公司自主研发的权威微信营销软件，基于微信公众平台开放平台接口研发，为企业进行微信营销提供全方位的帮助，其中微信官网、微信商城、微信活动等功能属于微信营销过程中必要的元素。

微站宝的主要功能有：

（1）微官网。

通过微信展现企业或商家的形象，有数十款专业设计的模板可供选择，增加公众账号的可读性。

（2）DIY微官网。

客户通过系统可自行编辑个性化模板，实现真正DIY设计版面功能，是国内第三方开发商独家推出的功能。

（3）微商城。

通过微信实现在线购物功能，成功对接支付宝、微支付等移动支付方式。结合订单管理系统、会员管理系统、购物车等功能，为顾客提供流畅、可靠、安全的在线购物平台。

（4）微促销。

调用在线抽奖、优惠券应用等工具帮助商家和企业推广公众账号，同时以低成本的方式带动促销产品或服务。

（5）会员 CRM 管理系统。

提供公众账号内所有的互动数据，提供确切数据给商家分析推广效果和客户行为，辅助商家更顺利地进行微信营销工作。

（6）在线客服系统。

实现微信平台上即时点对点的客户沟通，不限量直接对话，行内首创真正的人工客服软件。

一、任务目的

通过对各种网络渠道中所涉及的网络电子中间商等的对比及了解，寻找出适合企业进行网络营销的最佳网络营销渠道组合方案。

二、任务要求

1. 通过百度、谷歌等搜索引擎，搜索"企业网络直营建站"及"电子商务平台"等关键词，了解相应的各种网络市场行情及实施步骤等，下载资料并整理，选择和咨询几个相应的网络市场实例完成相应的表格，保存到自己的作业文件夹中。

2. 结合对比所得的相关市场资料，选择某一特定的商品或企业采用相应的网络营销渠道进行对比讨论，阐述对企业网络营销渠道的选择的看法（可分小组讨论）。

3. 将最终结果填入表 4 - 5。

表 4 - 5　网络营销渠道选择的相关内容

调查对象	企业建站	电商平台选择	推广平台选择	电子支付渠道选择	物流企业选择
合作企业					
费用计算					
合作企业					
费用计算					

（续上表）

调查对象	企业建站	电商平台选择	推广平台选择	电子支付渠道选择	物流企业选择
合作企业					
费用计算					

三、任务实施

1. 启动 IE（Internet Explorer），在 IE 窗口的地址栏输入网址 http：//www. baidu. com，打开百度网页。

2. 在百度网页的搜索文本框内输入"企业网络直营建站"，单击"百度一下"（开始搜索），弹出搜索结果页面，单击搜索结果中的某一标题，如图 4-17 所示。

图 4-17 企业网络直营建站

3. 打开"建网站公司 338 元全包 建网站公司选出格软件公司"查询最新信息，如图 4-18 所示。

图 4 – 18   建网站公司——出格软件公司

4. 对里面各种网站类型的费用及步骤等进行咨询（依循相应步骤再选择其他两家建站公司进行咨询了解）。

5. 在百度搜索页面搜索"电商平台""推广平台""电子支付渠道"及"物流企业"等相关资讯。

四、能力训练

选定某类既在"天猫"（www.tmall.com）这类电商平台进行销售，又在自己的品牌企业网站销售的商品。了解在"天猫"这一电商平台上该类商品的型号、规格、价格及销售情况和其在品牌官网中的相应情况，再将两种情况进行对比，从而了解渠道的选择对商品网络营销效果的影响。

任务 4   制定网络营销促销策略

情景案例

世家生活馆"双十一"促销方案

一、网络促销活动目标

1. 通过本次活动，树立良好的店铺形象，提升店铺口碑，从而达到销售目标。

2. 增进与目标客户的交流及沟通，树立目标客户心目中的企业形象及本方案的正面形象。

3. 在投入较少的情况下，利用开盘的时机与目标客户的口碑传颂，进一步培育潜在客户市场，谋求本方案销售的达成，从而达到收益增长的目标。

4. 客服与顾客之间要创造轻松的交流氛围，以期达到双赢的局面。

二、店内的主题活动

1. 活动一：全民疯抢——抢楼免单全动员。

活动于当天早上10点开始，每两个小时举行一次抢楼活动，抢到第188楼、388楼、688楼、1 088楼、1 888楼、2 888楼、3 888楼、5 888楼并分享转发者均可获得一次免单机会（免单单次必须是当天抢楼时间之前所拍的商品并已付款）。

一共有三场抢楼活动，分别是10点、16点、20点。

中奖人员名单将于三日之内在本店掌柜说以及微博里公布。

"全民疯抢——抢楼免单全动员"活动细则：

当天10点、16点、20点准时开帖以供抢楼者回复帖子，开帖内容必须有公告活动细则以及注意事项，内容如下：

抢到第188楼、388楼、688楼、1 088楼、1 888楼、2 888楼、3 888楼、5 888楼并分享转发者均可获得一次免单机会。

注意事项：

（1）抢楼者必须是本店帮派成员。

（2）连续刷楼3次者视为无效。

（3）抢到楼者的免单单次必须是10点之前所拍的商品并已付款。

2. 活动二：我爱淘折抢购。

在本店选两款产品（限购数量：50），从五折开始，每过一小时减一折，折扣时间：9点（5折）、10点（4折）、11点（3折）、12点（2折）、13点（1折），14点（5折）、13点（4折）、14点（3折）、15点（2折）、16点（1折）。

三、活动准备及执行工作

（一）前期准备工作

1. 活动海报的设计。

2. 页面的美观完善。

3. 分会页面（专题页面）的设计。

4. 宝贝描述的完善。

5. 掌柜说、微博、宝贝描述页面的活动海报设放。

6. 运费以及旺旺爆满公告。

7. 宝贝描述页面的相关商品的搭配设置。

8. 直通车分析以及设置。

9. 直通车商品的小图设计。

10. "双十二"关键词优化。

11. 店铺活动的相关软件设置。

12. 当天活动相关人员的名单以及任务分配。

13. 旺旺的设置。

14. 客服培训。

15. 旺旺回复用语文案。

16. 邮件发送。

17. 短信推广。

18. 活动当天抢楼发帖同步跟踪以及应急事件。

（二）活动前期准备工作—数据分析

1. 店铺流量分析。

2. 宝贝访问排行。

3. 访客来源。

4. 地域分析。

5. 推广—费用支出。

6. 淘宝成交额—排名。

7. 淘宝集市日化清洁—店铺排名。

（三）活动后期工作—数据分析

1. 淘宝平台提供的各种数据分析。

2. 促销过后的经营理念与方向分析：

（1）承接活动余热，继续进行销售：除了全民疯抢当日外，12 月 13—18 日会场还是有首页焦点资源支持，可以继续进行销售。

（2）商品发货适量以及发货时间承诺的确保。

（3）针对有意进行退换货的顾客，安排个别客服进行沟通，减少因退换货造成的损失。

（4）活动后期针对整体的活动数据做详细的分析结案，为日后活动储备经验。

（5）活动后对活动期间购买的用户进行回访，确保用户满意度，并最大幅度地将新客户转化为老顾客。

一、任务目的

通过在特定时间段（如"双十一"购物节或者其他传统节日）内，搜索及了解各大电商平台针对该时段的网络销售业务所进行的各项网络促销策略，了解如何为企业进行各种网络促销组合活动方案的策划。

二、任务要求

1. 通过"天猫""京东""1 号店"等电商平台，了解在该时间段内各电商平台对在其平台销售的商品所进行的各种形式的网络促销活动，下载资料并整理，对各电商平台的网络促销活动内容进行对比分析,并将结果保存到自己的作业文件夹中。

2. 结合对比所得的相关电商平台网络促销活动的资料,分小组代表各电商平台对这些网络促销活动方案的效果进行讨论,阐述各自的看法。

三、任务实施

1. 启动 IE(Internet Explorer),在 IE 窗口的地址栏输入网址 www.tmall.com,打开"天猫"平台首页,如图 4-19。

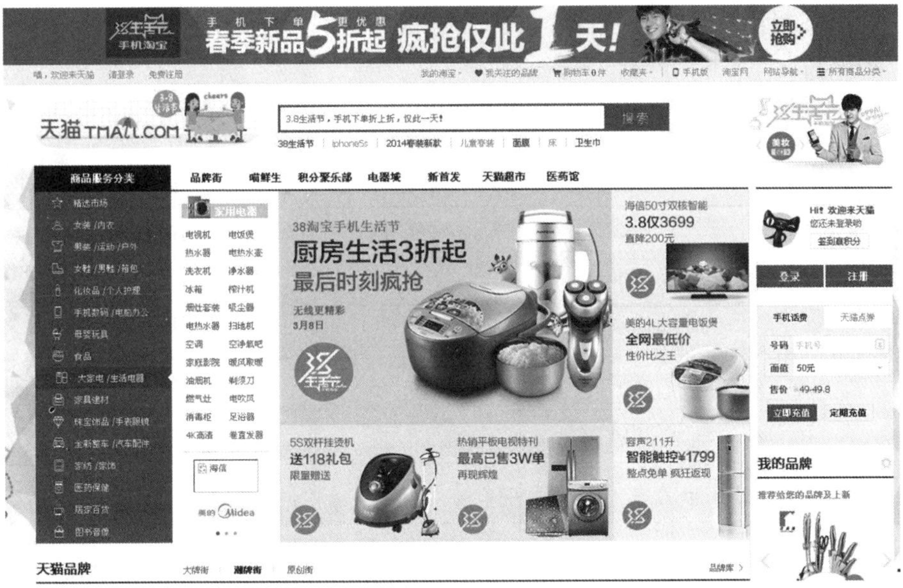

图 4-19 登录"天猫"平台首页

2. 在"天猫"平台首页的各种促销广告图片里,搜索有用的网络促销活动信息,将这些信息按所使用的网络促销方式等进行分类分析,并将结果保存在自己的作业文件夹中。

3. 按照以上步骤,再登录"京东""1号店"等其他电商平台,完成相关信息的收集、分析和记录保存。

4. 在收集和分析完成之后,分小组对各电商平台网络促销方案的效果进行讨论。

四、能力训练

为企业选定某种商品,依据该种商品的特性和该时段网络营销市场的情况,进行网络促销策略组合方案的策划,完成下列策划方案书。

_____网络促销策划方案

策划者：_____

班　级：_____

策划时间：_____

（1）网络促销活动主题：

（2）网络促销活动目标（预计销售目标）：

（3）网络促销活动时间及网络平台选择：

（4）网络促销活动对象选择：

（5）网络促销活动具体执行内容（如促销信息推广、促销商品及赠品选择、促销活动执行方法等）：

（6）网络促销方案预算安排：

表4-6　网络促销活动费用预算表

项目		费用	备注
网络广告宣传费用	媒体平台		
	搜索引擎		
	电商平台		
	其他		
赠品费用			
折扣费用			
其他费用			

【知识链接】

一、产品整体概念

人们通常理解的产品是指具有某种特定物质形状和用途的物品，是看得见、摸得着的东西，这是一种狭义的产品。市场营销学认为，广义的产品是指人们通过购买而获得的能够满足某种需求和欲望的物品的总和，它既包括具有物质形态的产品实体，又包括非物质形态的利益，这就是产品的整体概念。

现代市场营销理论认为，产品整体概念包含核心产品、有形产品、附加产品和心理产品四个层次。

核心产品也称实质产品，是指消费者购买某种产品时所追求的利益，是顾客真正要买的东西，因而在产品整体概念中也是最基本、最主要的部分。消费者购买某种产品，并不是为了占有或获得产品本身，而是为了获得能满足某种需要的效用或利益。如买自行车是为了代步，买汉堡是为了充饥，买化妆品是希望变美、体现气质、增加魅力等。因此,企业在开发产品、宣传产品时应明确产品能提供的效用或利益,使产品具有吸引力。

有形产品是核心产品得以实现的形式,即向市场提供的实体和服务的形象。如果有形产品是实体物品,则它在市场上通常表现为产品质量水平、外观特色、式样、品牌名称和包装等。产品的基本效用必须通过某些具体的形式才得以实现。市场营销者应首先着眼于顾客购买产品时所追求的利益,以求更完美地满足顾客需要,从这一点出发再去寻求利益得以实现的形式,进行产品设计。产品的有形特征主要指质量、款式、特色、包装。如冰箱,有形产品不仅指冰箱的制冷功能,还包括它的质量、造型、颜色、容量等。

附加产品是顾客购买有形产品时所获得的全部的附加服务和利益,包括提供信贷、免费送货、安装、售后服务等。附加产品的概念来源于对市场需要的深入认识,因为购买者的目的是满足某种需要,因此,他们希望得到与满足该项需要有关的一切。

美国学者西奥多·莱维特曾经指出:"新的竞争不是发生在各个公司的工厂生产什么产品,而是发生在其产品能提供何种附加利益(如包装、服务、广告、顾客咨询、融资、送货、仓储及具有其他价值的形式)。"由于产品的消费是一个连续的过程,既需要售前宣传产品,又需要售后持久、稳定地发挥效用,因此,服务是不能少的。随着市场竞争的激烈展开和用户要求的不断提高,提供附加产品越来越成为竞争获胜的重要手段。

心理产品指产品的品牌和形象提供给顾客心理上的满足。产品的消费往往是生理消费和心理消费相结合的过程,随着人们生活水平的提高,人们越来越重视产品的品牌和形象,因此,它也是产品整体概念的重要组成部分。

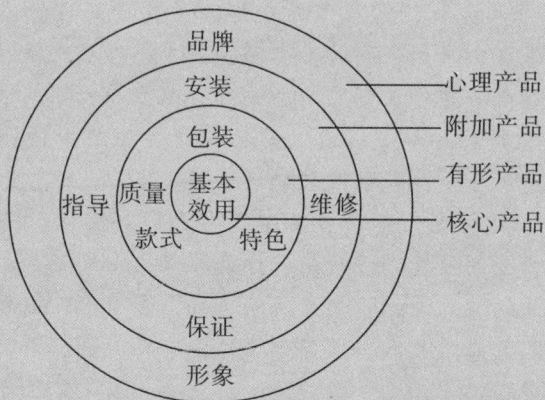

二、定价方法

定价方法主要包括成本导向、需求导向和竞争导向三种类型。

1. 成本导向:以产品单位成本为基本依据,再加上预期利润来确定价格的成本导向定价法,是最常用、最基本的定价方法。

成本导向定价法又衍生出了总成本加成定价法、目标收益定价法、边际成本定价法、盈亏平衡定价法等几种具体的定价方法。

（1）总成本加成定价法。在这种定价方法下，把所有为生产某种产品而发生的耗费均计入成本的范围，计算单位产品的变动成本，合理分摊相应的固定成本，再按一定的目标利润率来决定价格。

（2）目标收益定价法。目标收益定价法又称投资收益率定价法，是根据企业的投资总额、预期销量和投资回收期等因素来确定价格。

（3）边际成本定价法。边际成本是指每增加或减少单位产品所引起的总成本变化量。由于边际成本与变动成本比较接近，而变动成本的计算更容易一些，所以在定价实务中多用变动成本替代边际成本，从而将边际成本定价法称为变动成本定价法。

（4）盈亏平衡定价法。在销量既定的条件下，企业产品的价格必须达到一定的水平才能做到盈亏平衡、收支相抵。既定的销量就称为盈亏平衡点，这种制定价格的方法就称为盈亏平衡定价法。科学地预测销量和已知固定成本、变动成本是盈亏平衡定价的前提。

2. 需求导向：以消费者需求为中心，并在产品、价格、分销和促销等方面予以充分体现。根据市场需求状况和消费者对产品的感觉差异来确定价格的方法叫作需求导向定价法，又称市场导向定价法、顾客导向定价法。

需求导向定价法主要包括理解价值定价法、需求差异定价法和逆向定价法。

（1）理解价值定价法。所谓"理解价值"，是指消费者对某种商品价值的主观评判。理解价值定价法是指企业以消费者对商品价值的理解度为定价依据，运用各种营销策略和手段，影响消费者对商品价值的认知，形成对企业有利的价值观念，再根据商品在消费者心目中的价值来制定价格。

（2）需求差异定价法。所谓需求差异定价法，是指产品价格的确定以需求为依据，首先强调适应消费者需求的不同特性，而将成本补偿放在次要的地位。这种定价方法，是对同一商品在同一市场上制定两个或两个以上的价格，或使不同商品价格之间的差额大于其成本之间的差额。其好处是可以使企业定价最大限度地符合市场需求，促进商品销售，有利于企业获取最佳经济效益。

（3）逆向定价法。这种定价方法主要不是考虑产品成本，而是重点考虑需求状况。依据消费者能够接受的最终销售价格，逆向推算出中间商的批发价和生产企业的出厂价格。逆向定价法的特点是：价格能反映市场需求情况，有利于加强与中间商的良好关系，保证中间商的正常利润，使产品迅速向市场渗透，并可根据市场供求情况及时调整，定价比较灵活。

3. 竞争导向：参照竞争对手的生产条件、服务状况、价格水平等因素，依据自身的竞争实力，参考成本和供求状况来确定商品价格。竞争导向定价法主要包括：

（1）随行就市定价法。在完全竞争的市场结构条件下，任何一家企业都无法仅凭借自己的实力在市场上取得绝对的优势。为了避免竞争特别是价格竞争带来的损失，大多数企业都采用随行就市定价法，即将本企业某产品价格保持在市场平均价格水平上，利用这样的价格来获得平均报酬。此外，采用随行就市定价法，企业就不必全面了解消费者对不同差价的反应，也不会引起价格波动。

（2）产品差别定价法。产品差别定价法是指企业通过不同的营销方式，使同种同质的产品在消费者心目中树立起不同的产品形象，进而根据自身特点，选取低于或高于竞争者的价格作为本企业产品的价格。因此，产品差别定价法是一种进攻性的定价方法。

（3）密封投标定价法。在国内外，许多大宗商品、原材料、成套设备和建筑工程项目的买卖和承包以及小型企业的出售等，往往采用发包人招标、承包人投标的方式来选择承包者，确定最终的承包价格。一般来说，招标方只有一个，处于相对垄断地位，而投标方有多个，处于相互竞争地位。标的物的价格由参与投标的各个企业在相互独立的条件下来确定。在买方招标的所有投标者中，报价最低的投标者通常中标，它的报价就是承包价格。这种竞争性的定价方法就称为密封投标定价法。

三、网络营销渠道

1. 网络营销渠道的概念。

（1）传统营销渠道，简单地说就是商品或服务从生产者或提供者向消费者转移的具体渠道、通货路径，其中还包括了资金的流动、商品实物物流转移和买卖双方信息交流等内容。简单划分如图所示。

生产商/服务提供者 → 逐级批发商（N级）→ 零售商 → 消费者

（2）网络营销渠道，指企业利用网络（包括互联网及无线网络的传递）将自己的商品及服务，从生产商及服务提供者转移到消费者的中间环节，并实现资金流、商流、信息流及物流的流通，简单划分如图所示。

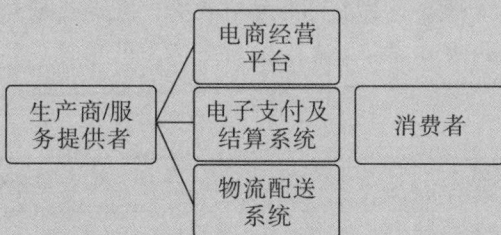

生产商/服务提供者 — 电商经营平台 / 电子支付及结算系统 / 物流配送系统 — 消费者

2. 网络营销渠道的特点。
（1）层次单一，管理简单。
（2）层次较少，可减少利益冲突。
（3）各层次划分职能专业化，有利于实现最优化效益。
（4）能实现最有效的信息双向传递。

3. 网络营销渠道的类型。

渠道长度是指从商品生产商及服务提供者到消费者之间涉及的中介数量。网络营销渠道主要有以下几种：

(1) 直接营销渠道：在这种网络营销渠道中不含中介，是由商品生产商及服务提供者直接与消费者进行交易。

(2) 间接营销渠道：在这种网络营销渠道中包含一个或多个中介，买卖双方通过这类网络电子中介进行交易。

(3) 并用双营销渠道：一个企业在进行网络营销活动过程中，兼用直接营销渠道和间接营销渠道两种模式进行营销。

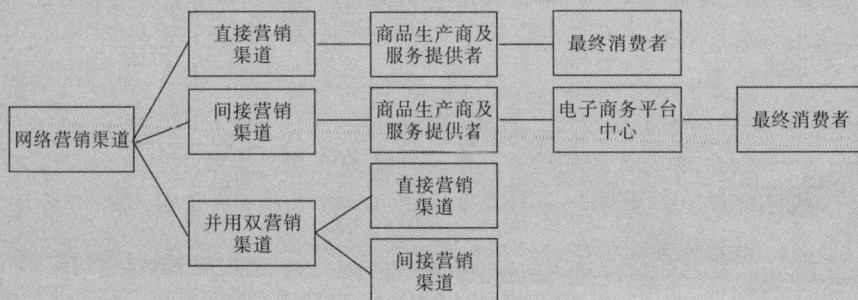

```
                         ┌─ 直接营销 ──── 商品生产商及 ──── 最终消费者
                         │   渠道          服务提供者
                         │
  网络营销渠道 ──────────┼─ 间接营销 ──── 商品生产商及 ──── 电子商务平台 ──── 最终消费者
                         │   渠道          服务提供者        中心
                         │
                         │                      ┌─ 直接营销渠道
                         └─ 并用双营销 ─────────┤
                             渠道                └─ 间接营销渠道
```

四、网络促销

1. 网络促销的概念。

(1) 传统促销，是指企业为了激发顾客的潜在购买欲望或为使潜在顾客变为现实顾客，提高商品的销量而进行的一系列针对消费者的宣传、说服、激励和联络等促进性工作，主要包括人员推销、广告、营业推广和公共关系等内容。

(2) 网络促销，是指利用现代的网络技术手段向虚拟市场和现实市场传递有关商品和服务的信息，以引发潜在的需求，引起消费者产生购买欲望并发生实际购买行为的活动。企业的网络促销策略实际上是企业针对不同的网络促销活动所采取的策略的有机组合。

传统促销	网络促销
受企业及顾客的所在地及促销时间限制	不受时间和空间限制
利用单一、单向的模式向顾客促销	利用网络平台进行双向互动型沟通促销
促销活动的顾客对象为同一型	可将顾客市场细化，有针对性地进行促销

2. 网络促销的特点。

(1) 技术性与虚拟性：运用计算机技术及电子通信技术，并依赖虚拟的网络运行平台。

（2）分享型网络文化性：倾向于采用与顾客或潜在顾客分享信息的模式进行促销。

（3）可搜索性与互动性：网络促销的内容可搜索性及商家与顾客的互动性。

（4）针对性：网络促销的对象具有针对性。

（5）时间、空间的不受限制性：基于网络平台的促销活动，可不受时间、空间的限制。

3. 网络促销的形式。

（1）传统促销形式包括广告促销、销售促销、宣传促销和人员促销。

（2）网络促销形式包括网络广告促销、网络站点推广、网上销售促进、网络公共关系营销、电子邮件促销和社交网络应用促销。

【思考与训练】

一、选择题

1. 人们购买空调主要是为了在夏天获得凉爽的空气，这属于空调产品整体概念中的（　　）。

A. 核心产品　　　　B. 有形产品　　　　C. 附加产品　　　　D. 直接产品

2. 按照整体产品的概念，产品被看作（　　）。

A. 任何可以等价交换的服务

B. 任何可以等价交换的有形物品

C. 任何有形物品

D. 购买者需要得到的各种有形的利益和无形的满足感

3. 产品提供给顾客的利益或效用是产品整体概念中的（　　）。

A. 形式产品　　　B. 核心产品　　　C. 附加产品　　　D. 潜在产品

4. 中国电信规定每日 21：00—24：00 拨打国内长途电话按半价收费，这种定价策略属于（　　）。

A. 总成本加成策略　B. 差别定价策略　C. 心理定价策略　D. 组合定价策略

5. 理解价值定价法的关键是（　　）。

A. 正确估计产品的销量　　　　　　B. 找到合适的目标市场

C. 找到比较准确的感受价值　　　　D. 准确地计算产品的成本

6. 以产品成本为定价基础，在此基础上考虑定价，这种定价方法是以（　　）定价。

A. 需求导向　　　B. 竞争导向　　　C. 预计利润　　　D. 成本导向

7. 以下各项关于网络营销渠道的特点的描述中，错误的是（　　）。

A. 层次单一，管理简单

B. 层次较多，可减少利益冲突

C. 各层次划分职能专业化，不利于实现最优化效益

D. 能实现最有效的信息双向传递

8. 反映商流、物流、资金流历史与现实运动以及发展变化趋势的各种消息、情报、资料的收集、处理和传递的运动过程是（　　　）。

A. 信息流　　　　　　B. 商流　　　　　　C. 物流　　　　　　D. 资金流

9. 网络促销对企业网络营销起促进作用，以下说法中不属于网络促销与传统促销方式区别的是（　　　）。

A. 网络促销可以让企业不受时空的限制进行促销活动

B. 网络促销时进行双向沟通模式

C. 网络促销所需费用大大超过传统促销

D. 网络促销可针对细化过的市场顾客对象进行

10. 以下各项不属于网络广告促销的形式是（　　　）。

A. 电子杂志广告　　　　　　　　　　B. 微博广告及微信广告

C. 旗帜广告　　　　　　　　　　　　D. 电视广告

二、判断题

1. 产品是满足顾客需求的物质实体与非物质形态服务的总和。　　　　（　　）

2. 包装属于整体产品的延伸层。　　　　　　　　　　　　　　　　（　　）

3. 产品质量是整体产品的核心。　　　　　　　　　　　　　　　　（　　）

4. 售前、售后服务属于整体产品的重要组成部分。　　　　　　　　（　　）

5. 逆向定价是需求导向定价的基本方法。　　　　　　　　　　　　（　　）

6. 投标定价是卖方引导买方竞争成交的一种定价方法。　　　　　　（　　）

7. 网络营销渠道比传统营销渠道复杂。　　　　　　　　　　　　　（　　）

8. 通常来说，间接销售渠道一般适用于大宗商品及生产资料的交易，而直接销售渠道一般适用于小批量商品及生产资料的交易。　　　　　　　　　　　（　　）

9. 企业的网络促销策略实际上是企业针对不同的网络促销活动所采取的策略的有机组合。　　　　　　　　　　　　　　　　　　　　　　　　　　　（　　）

10. 网络促销中关于对网络公关关系营销的对象中不包括媒介公众。　（　　）

三、简答题

1. 产品整体概念包括几个层次？

2. 定价方法有哪几种类型？

3. 网络营销渠道与传统营销渠道的区别是什么？

4. 网络营销渠道的主要类型有哪些？

5. 网络促销的形式主要有哪些？

四、案例分析

橘子皮小食品的价格

汕头一家罐头厂，以生产橘子罐头闻名，但是剩下的橘子皮一直没有很好的处理方法。于是罐头厂便将橘子皮以9分/斤的价格卖给药品收购站，但处理起来依然十分困难。

他们思考难道橘子皮只能做成陈皮入中药才有用？经过一段时间的研究，他们终于开发出"珍珠陈皮"这一新用途，并将其制作成小食品，而且这种小食品具有养颜、保持身材苗条等功能。

以何种价格销售这一产品？经市场调查发现，妇女和儿童尤其喜欢吃零食，而且妇女在此方面不吝花钱，但惧怕吃零食会导致肥胖，而"珍珠陈皮"正好解其后顾之忧，且市场上尚无同类产品。于是，他们决定每15克袋装售价1元，合33元/斤进行销售。投放市场后，该产品销售火爆。

1. 该企业采取了何种定价策略？
2. 为什么要采用这种策略？
3. 若低价销售是否能获得与高价同样多甚至更多的利润？

项目五　选择网络营销平台

【学习任务】

1. 了解阿里系常用的营销方法。
2. 了解百度系常用的营销方法。
3. 通过自建平台熟悉和掌握关键词，并了解关键词对自建平台营销的作用和意义。

【学习目标】

1. 参与到阿里系电商平台的营销活动中去，熟悉一个成功的营销活动应该具备什么条件和掌握如何策划一个营销方案。
2. 了解百度搜索引擎的关键词营销方法，掌握百度系营销方法的流程和优势。
3. 通过自建平台搜索站内关键词，了解和熟悉关键词的作用，并收集关键词及分析不同关键词对搜索结果的影响。

任务 1　阿里系营销

情景案例

淘宝卖车：300 辆熊猫汽车一分钟售罄

利用 SNS 营销平台——淘江湖，原本一周 300 辆的熊猫汽车销售计划，在凌晨零点一分钟内售罄。低门槛用户的参与是 SNS 营销活动成功非常关键的因素，这次营销活动，结合了淘金币竞拍。竞拍区别于传统的广告方式，用户在获取信息的同时，还能积极参与，分享试驾的信息，增加用户对于事件本身及熊猫汽车口碑的信任度。活动开抢之前就已经积累了几十万的精准用户。

一、任务目的

通过众筹、竞拍等电商平台，如淘宝众筹（http：∥hi. taobao. com）、淘宝拍卖会（ht-tp：∥paimai. taobao. com）等，参与到营销活动中去，了解这些利用时间、人气等的营销活动流程的共同点和不同点，并进行总结。

二、任务要求

1. 登录淘宝众筹，参与到一个众筹项目中去，记录整个参与过程。
2. 登录淘宝拍卖会网站，找一个拍卖专场活动，了解拍卖的流程。
3. 小组分享和对比结果。

三、任务实施

1. 注册淘宝账号并登录，登录淘宝众筹，选择一个项目参与，截图保存参与流程，如图 5 - 1、图 5 - 2 所示。

图 5 - 1 登录淘宝众筹首页

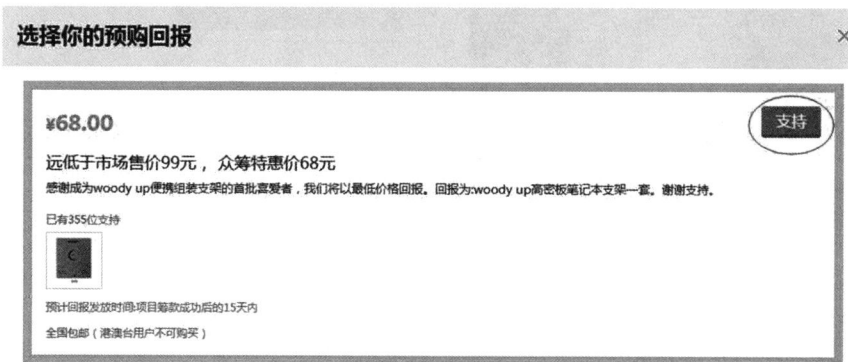

图 5 - 2 参与众筹步骤

2. 登录淘宝拍卖会，找一个拍卖专场活动，了解流程并截图保存，如图 5 - 3、图 5 - 4 所示。

图 5 - 3　淘宝拍卖首页

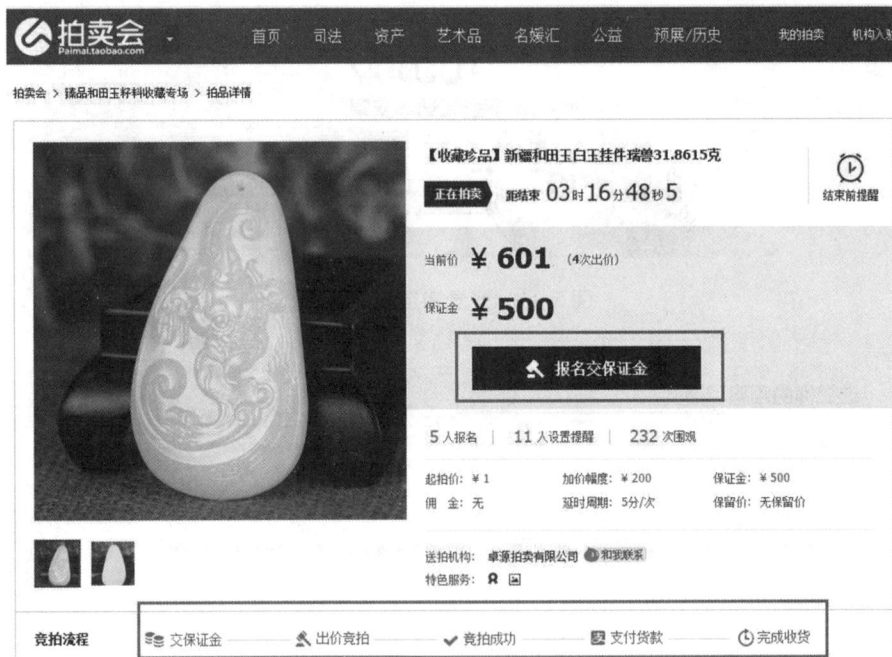

图 5 - 4　淘宝拍卖的流程

3. 新建文件夹，一个步骤保存一张截图，对比两个活动的共同点和不同点。

四、能力训练

通过以上任务实施的操作，协助校企合作单位广州莱司依服饰有限公司（www. laisiyi. com），设计一个有关情人节服饰产品的线上营销活动方案，方案包括活动主题、活动策划流程。

任务2 百度系营销

情景案例

案例1

广州龙文教育线上线下结合，订单翻7倍

广州龙文教育科技有限公司自 2009 年从网上了解到百度关键词投放推广营销活动后，开户至今总续费次数已有 30 余次。百度关键词全面覆盖企业潜在客户，自主灵活，可以不断优化提升效果。公司使用百度关键词投放推广后咨询电话为原来的 4 倍，网站流量为原来的 6 倍，订单数量为原来的 7 倍，公司营业额翻了 4 倍！公司使用百度关键词投放推广已近 3 年，借着百度推广的力量，从一开始只有一百几十人的小公司发展到现在上千人的大公司，伴随着企业知名度的不断提高，市场的占有份额也逐步上升，现已稳居行业的前三甲。

案例2

百度推广让分销之路走得更快

广州莱司依服饰有限公司在拓展分销业务时，曾尝试通过 QQ 群、微信等推广方法，但实际的覆盖区域及群体都非常有限，效果也不是很理想，人工成本非常高。选择百度推广后，覆盖率显著提升，目标客户群体及潜在客户群体都能大致囊括，性价比较高。自此公司组建了专门的团队负责百度推广，并主要通过百度推广带来咨询量以及新客户。公司的业务量大幅度提升，业务领域也从广东省拓展到全国，实现了从工厂销售到加盟代理的变革性转变。

一、任务目的

通过百度搜索引擎搜索意向关键词来了解百度关键词投放推广的展示位置和推广信息，以此掌握百度关键词投放推广的特点、优势。

二、任务要求

1. 通过在百度搜索意向关键词，如"奥迪""外贸服饰"等，查找投放了该关键词的企业在百度页面的广告信息展示位置及展示内容。

2. 在不清除浏览器 Cookies 的前提下，随意浏览其他网页，查找在其他网页是否会出现该关键词的百度广告。

3. 截图保存案例并填写以下表格。

表 5 - 1　百度关键词投放推广的案例

通过百度搜索的 关键词	广告在搜索页面 展示的截图	广告在其他网页 展示的截图	两个不同页面的 截图展示内容的差异

三、任务实施

1. 启动 IE（Internet Explorer），在 IE 窗口的地址栏上输入网址 http：∥www. baidu. com，打开百度网页。

2. 在百度搜索框输入"外贸服饰"关键词，开始搜索，在列出的搜索页面里，截取页面带"推广链接"字样的广告展示，如图 5 - 5 所示。

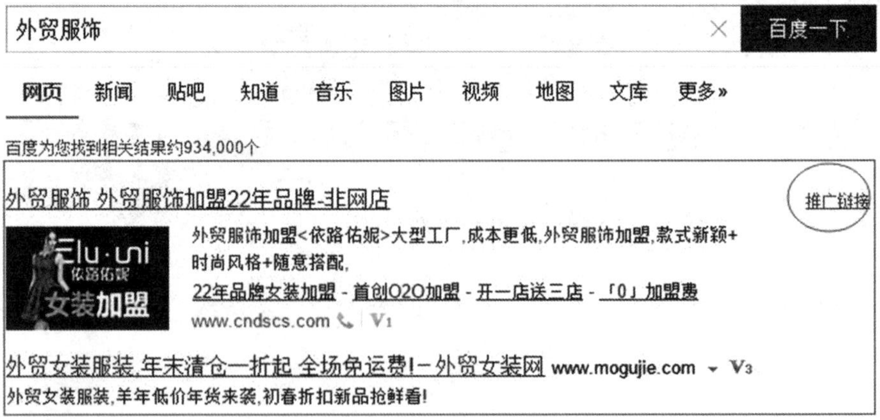

图 5 - 5　百度搜索页广告展示

3. 点开其他任意网页，留意网页上的百度推广展示，找到与"外贸服饰"关键词相关的广告，截图保存，如图 5-6 所示。

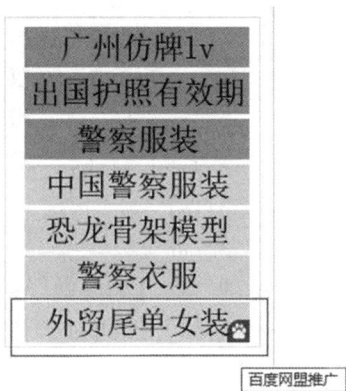

图 5-6 其他网页的百度推广广告展示

4. 新建文件夹，把搜索列表页的截图和其他网页的截图分别保存。

5. 对比发现，在百度搜索关键词，除了在百度搜索页面会展示广告，在其他网页也会展示与该关键词相关的广告。

四、能力训练

1. 通过登录网站 http://e. baidu. com/（百度关键词投放推广官方网站），了解百度关键词投放推广的运作原理、流程。

2. 通过在百度知道、百度文库搜索意向关键词，找到百度知道或文库里带广告内容的案例，分析该广告营销方法跟关键词投放推广的差异和优缺点。

任务 3 自建平台营销

情景案例

家商城网站

家商城（www. gqt168. com）——国内唯一一家以"家"为主题的购物网站，围绕用户"家"需求整合资源，产品讲求高品质，致力高质量的用户体验，利用互联网的便利性，向国内用户提供物美价廉的家居商品。同时它还是国内唯一一个坚持"阳光采购工程"的购物网站，在成立后的两年时间里服务了近100家中大型企事业单位，为企业节省了更多的采购成本。它不仅是"广东省网商协会常务理事单位"，还是"公允有信"发起单位，是主营收纳、沙发垫、家居蓝牙音箱、比基尼等多产品类目的B2C网站。其站内关键词优化、站内产品关联、关键词联想、站外关键词设计等，符合互联网用户的搜索行为习惯，从而提升了曝光量和访问量。

一、任务目的

以家商城自建网站的真实案例为基础，通过如何做好自建平台的站内、站外优化以及关键词、长尾词的设定等，理解站外优化和关键词对于自建平台网络营销的重要性和意义，并掌握一定的技巧。

二、任务要求

1. 通过访问家商城网站，在站内搜索栏搜索关键词"DOSS 阿隆索"和"DS－1159"，并截图保存图片。

2. 通过百度搜索"DOSS 阿隆索""DS－1159""校企合作家商城"，并截图保存。

3. 通过站内搜索"音箱"和"蓝牙音箱"，针对搜索结果进行对比分析。

4. 思考：消费者购买一款产品时，通常会搜索哪几个关键词？以蓝牙音箱为例，哪些会是最优先搜索的关键词？将思考的内容填入下表。

表 5－2　列举蓝牙音箱关键词

产品类型	关键词	优先级

三、任务实施

1. 启动浏览器，如在 IE 或 360、Google Chrome、FireFox 等的地址栏上输入网址 http://www.gqt168.com，打开家商城网站首页，如图 5－7 所示。

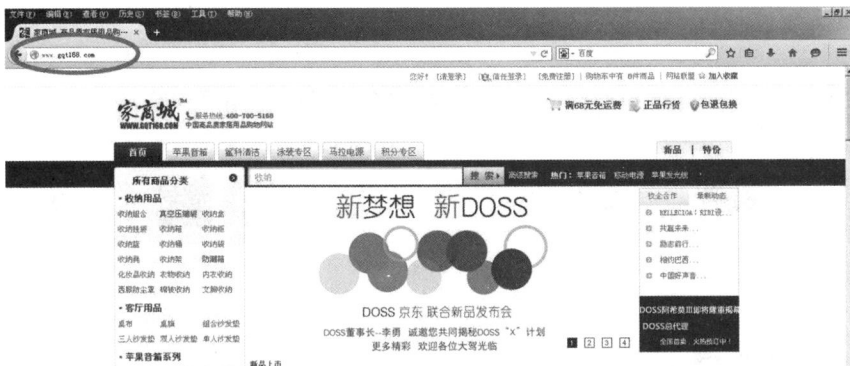

图 5 – 7　打开家商城网站首页

2. 在站内搜索栏搜索关键词"DOSS 阿隆索"，并截图保存搜索结果，如图 5 – 8 所示。

图 5 – 8　搜索关键词"DOSS 阿隆索"

3. 在站内搜索栏搜索关键词"DS – 1159"，并截图保存搜索结果，如图 5 – 9 所示。

图 5 – 9　搜索关键词"DS – 1159"

4. 百度搜索"DOSS 阿隆索",如图 5 – 10 所示。

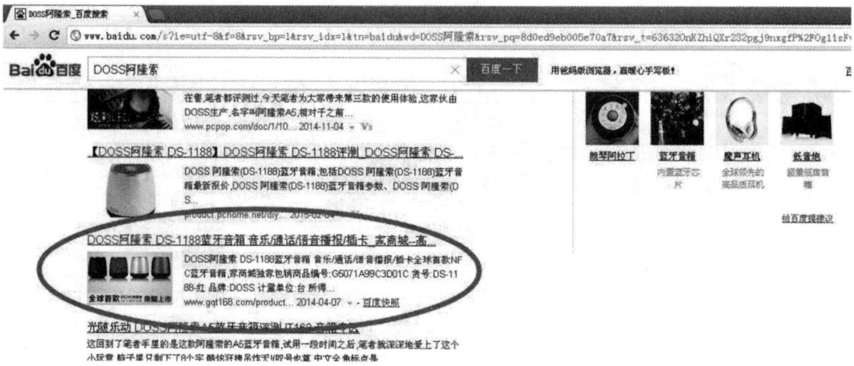

图 5 – 10   百度搜索"DOSS 阿隆索"

5. 百度搜索"校企合作家商城",如图 5 – 11 所示。

图 5 – 11   百度搜索"校企合作家商城"

6. 在家商城站内和百度站外搜索"音箱""蓝牙音箱""DOSS 阿隆索蓝牙音箱""阿隆索蓝牙音箱"等关键词并截图保存。

四、能力训练

1. 通过搜索关键词"DOSS 阿隆索""阿隆索 DOSS"和"校企合作家商城""家商城校企合作",分析搜索出来的结果有何不同。

2. 通过搜索关键词"DOSS 阿隆索""DOSS 阿隆索 DS – 1159"和"DS – 1188 蓝牙音箱",分析搜索出来的结果不同的原因。

3. 如何能够精准地搜索到指定的产品?

五、任务小结

通过家商城网站，以结果为导向，先看网站商品标题的设计，反推相关关键词，在站内和站外进行大量的搜索，针对结果进行对比分析。综合考虑不同的关键词设定和搜索量，如何有效地优化关键词和关键词布局，使网购者在最短时间内搜索到需要的产品，减少消费者购买的决策时间。

【知识链接】

一、阿里系营销

1. 淘宝拍卖的定义。

淘宝拍卖是为淘宝会员提供的具有独特性或有较高附加值的特殊拍品的交易平台，域名 paimai. taobao. com 下的所有拍品都属于淘宝拍卖。

2. 拍卖在营销中的作用。

网上拍卖作为网络营销方法之一，其主要作用是开展网上销售。网上拍卖是一种常见的在线销售模式。早期的拍卖以二手商品交易为主，并且仅限于个人对个人的交易，通常只能按照拍卖的形式来进行，即出价高者获得购买权。现在的一些在线拍卖网站（如易趣等）实际上已经不仅仅是个人物品拍卖，也包括固定价格模式，还可以开设网上商店，这些都比较适用于小型企业的产品在线销售，其方法与网上商店类似。

3. 什么是淘宝众筹。

淘宝众筹是一个协助人们发起创意、实现梦想的平台，不论你是卖家、买家、学生，还是白领、艺术家、明星，只要你有一个想完成的计划（例如电影、音乐、动漫、设计、公益等），你就可以在淘宝众筹发起项目向大家展示你的计划，并邀请喜欢你的计划的人以资金的方式支持你。你可以在淘宝众筹浏览到各行各业的人发起的项目计划，如果你愿意帮助别人，支持别人的梦想，也可以成为发起人的梦想合伙人。当你们一起见证项目成功后，你还会获得发起人感谢你支持的回报。这是一种新兴的营销手段。

二、百度系营销

百度推广，是向企业提供的按效果付费的网络营销服务，借助百度拥有的超过80%的中国搜索引擎市场份额和60万家联盟网站，打造了链接亿万网民和企业的供需平台，让有需求的人能最便捷地找到适合自己的产品和服务，也让企业用少量投入就可以获得大量潜在客户，有效地提升企业品牌影响力。

三、自建平台营销

1. 什么是关键词。

关键词的优化对于网站优化有着非常重要的作用，同时它也是网站引来流量的一个重要因素。关键词的英文名为"keyword"。简而言之，就是消费者在上网搜索需要的任何事与物时输入的词，就可以理解为关键词。通过大量采集关键词的数据，从而决定了关键词的热门与冷门，也就有了热门关键词和冷门关键词之说。这也意味着热门关键词搜索的频次多，关注的人和用户也就多，冷门关键词则反之。

2. 什么是长尾关键词。

长尾关键词的英文名叫"long tail keyword"。有别于关键词的是，长尾关键词属于非主流关键词，但可能会更精准，举个简单易理解的例子，如"iPhone 6 Plus"是一个关键词，而如果你个人喜欢黑色的，则可以搜索长尾关键词"黑色 iPhone 6 Plus"；再比如说"印花连衣裙"是关键词，那"白色 M 码印花连衣裙"则是长尾关键词。

【思考与训练】

一、选择题

1. 以下属于阿里系营销的是（　　　）。

A. 淘宝拍卖　　　　B. 百度推广　　　　C. 京东限时达　　　D. 易趣拍卖

2. 百度系营销主要围绕（　　）因素运行。

A. 图片　　　　　　B. 文章　　　　　　C. 视频　　　　　　D. 关键字

3. 关于案例熊猫汽车的营销活动成功的因素总结，下面不正确的是（　　　）。

A. 竞拍方式、试驾分享，让消费者参与　　　　B. 活动转发，让营销传播

C. 粉丝关注，客户沉淀　　　　　　　　　　　D. 营销成功主要是靠运气

二、判断题

1. 淘宝众筹是新兴的营销方法。（　　　）

2. 百度系营销相对于传统营销方法的优势在于需要企业去找客户。（　　　）

3. 做百度推广可以给电子商务网站带来更多客户，最终通过电子商务网站实现更大的销量，所以百度系和阿里系是可以同时使用的营销方法。（　　　）

三、简答题

1. 百度推广呈现企业的哪些推广信息？

2. 阿里系和百度系营销的最大不同点是什么？

3. 在不同电商平台上，如何给商品定义好关键词和长尾关键词，需要经过大量搜索、对比，从而在关键词上布局和拦截用户。训练：登录京东（www.jd.com）网站搜索"iPhone 6 Plus""黑色 iPhone 6 Plus""苹果 6 Plus"三者，截图保存并比较商品排列的顺序有何区别？

项目六　选择网络营销工具

【学习任务】

1. 体验搜索引擎营销工具的使用，了解搜索引擎营销 SEO 的职业技能。
2. 了解论坛营销的相关知识，掌握并运用论坛进行产品营销。
3. 利用互联网媒体及工具进行营销推广。
4. 了解微信的主要功能和微信功能在营销中的应用。

【学习目标】

1. 了解搜索引擎营销 SEO 的相关知识，掌握搜索引擎营销 SEO 的含义、特点、内容，熟悉搜索引擎营销 SEO 的方法。
2. 掌握论坛营销的特点、内容，熟悉论坛营销的实施步骤，进一步认识论坛营销。
3. 学会运用互联网工具如 QQ 好友（群）、QQ 空间、微博、邮箱等软件的功能及相关知识，进行企业网络推广，并能根据企业相关要求熟练选择相应的网络营销工具。
4. 学会运用微信开展营销活动。

任务 1　搜索引擎优化

情景案例

京东商城的 20% 的销量靠 SEO 营销

　　大型电子商务公司是不会放过 SEO 营销手段的，像现在如日中天的 B2C 业务公司京东商城，也一直把 SEO 营销作为最重要的网络营销手段之一。

　　在百度上搜索"电脑""手机""热水器"，就可以看到，京东商城都显示在第一页的首位。顾客通过搜索引擎搜索"电脑""手机""热水器"等关键词来到京东商城选购自己所需的商品，这就是网络 SEO 营销的作用！

Baidu百度　新闻　网页　贴吧　知道　音乐　图片　视频　地图　文库　更多»

电脑　　　　　　　　　　　　　　　　　　　　　[百度一下]　　推荐：用手机随时随地上百度

京东电脑优惠,品质好!正品行货!　　　　　　　　　　　　　　　　　　推广链接
买电脑去京东,时尚外形,人性设计,主流配置,超高性价比,送货快速!全国联保!
京东正品 - [笔记本]全网底价 - [配件]限时抢 - [外设]惊喜派送
www.jd.com ▾ V3
多·快·好·省

最热电脑大全 ZOL中关村在线

热门品牌：	联想｜华硕｜戴尔｜神舟｜Acer｜苹果｜惠普｜三星｜索尼｜东芝｜ThinkPad｜Alienware
产品定位：	超极本｜2合1电脑｜游戏影音本｜轻薄便携本｜商务办公本
价位区间：	1999以下｜2000-2499｜2500-2999｜3000-3499｜3500-3999｜4000-4999｜5000-5999｜6000-8000｜8000-12000｜12000以上

1 联想小新 SR1000AT-ISE

参考报价：￥4499
屏幕尺寸：14英寸 1366x768　CPU型号：Intel 酷睿i7 4500U
CPU主频：1.8GHz　　　　内存容量：4GB（4GB×1）DDR3
硬盘容量：1TB 5400转

相关企业

淘宝网　　lenovo联想
淘宝　　　　联想

相关术语

电脑配置　电脑桌面壁纸

相关产品

Baidu百度　新闻　网页　贴吧　知道　音乐　图片　视频　地图　文库　更多»

手机　　　　　　　　　　　　　　　　　　　　　[百度一下]　　推荐：用手机随时随地上百度

手机-京东"惠"不可言,100%正品,全国联保! www.jd.com ▾ V3　　　　推广链接
购手机上京东,京东手机正品真低价,新品全球同步,价格PK不怕比,爆惠给你所"要"!
●[抢]手机新机预售　●电脑数码绝对值　●手机大拼"价"　●家电high翻天

最热手机大全 ZOL中关村在线

热门品牌：	三星｜索尼移动｜HTC｜诺基亚｜神舟｜酷派｜联想｜vivo｜金立｜努比亚｜长虹｜苹果
运营商定制：	中国联通｜中国移动｜中国电信
价位区间：	500以下｜500-1000｜1000-1500｜1500-2000｜2000-2500｜2500-3000｜3000-3500｜3500-4000｜4000以上

1 三星GALAXY S5 G9006V/16GB/联通

参考报价：￥5299
4G网络：联通TD-LTE　3G网络：联通3G（WCDMA），联通
网络类型：单卡　　　　主屏尺寸：5.1英寸 1920x1080像
CPU型号：高通 骁龙801

详细参数｜图片(314)｜用户点评(122)｜商家报价(1828)

2 苹果iPhone 6　　　　　　　参考报价：￥概念产品　　⌄
3 华为荣耀畅玩版　　　　　　参考报价：￥998　　⌄

相关电器

SAMSUNG 三星
三星　　　　iphone

相关企业

小米 MI　　MEIZU
小米　　　　魅族

相关网站

天猫 TMALL.COM　苏宁易购 Suning.com
天猫　　　　苏宁易购

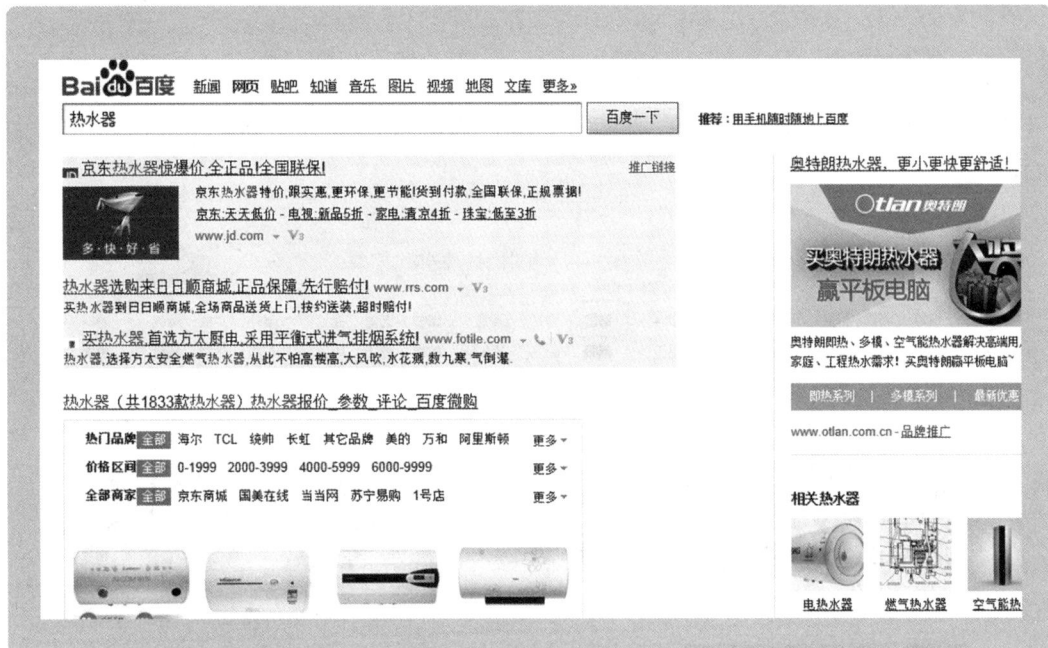

一、任务目的

通过搜索引擎营销 SEO 的成功案例，了解搜索引擎营销 SEO 的相关知识，掌握搜索引擎营销 SEO 的含义、特点、内容，熟悉搜索引擎营销 SEO 的方法，进一步认识搜索引擎营销 SEO。

二、任务要求

1. 通过百度、谷歌等搜索引擎，用"搜索引擎营销 SEO 成功案例"及"双十一的搜索引擎营销 SEO"等关键词查询，找到相关知识及案例，下载并整理，保存到自己的作业文件夹中。

2. 搜索引擎营销 SEO 的含义及搜索引擎营销 SEO 有哪些方法，阐述对搜索引擎营销 SEO 的看法（可分小组讨论）。

3. 最终结果填入表 6–1。

表 6–1　搜索引擎营销 SEO 的相关内容

列举几个常用的搜索引擎	SEO 的定义	为什么要用 SEO	SEO 采用哪些方法	小组对搜索引擎营销 SEO 的看法

三、任务实施

1. 以新浪博客（http：// blog. sina. com. cn）为例，点击进入新浪博客，如图 6 - 1 所示。

图 6 - 1　登录新浪首页

2. 点击右侧处的"立即注册"，进入新浪博客注册界面，如图 6 - 2 所示。

图 6 - 2　进入新浪博客登录界面

3. 进入注册界面，按要求填写相应的信息，如图 6 - 3 所示。

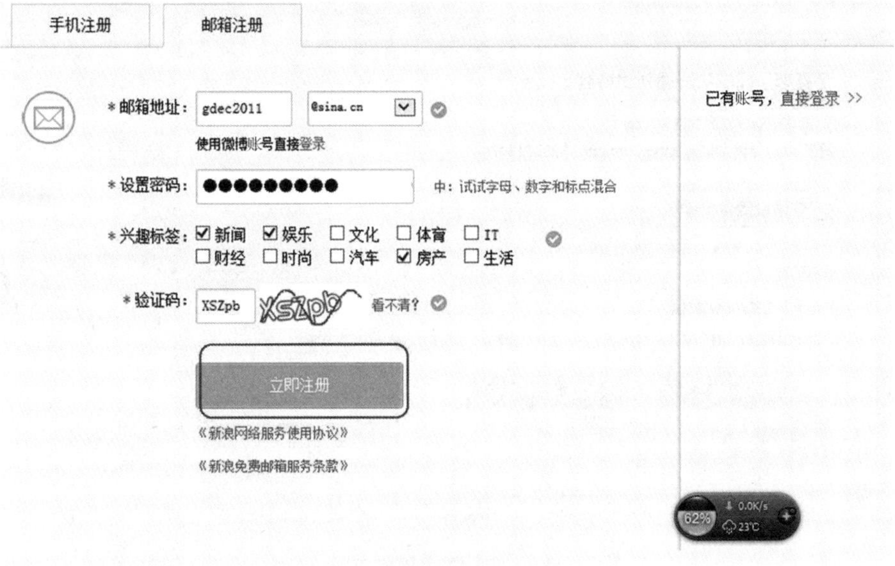

图 6 - 3　进入新浪博客注册界面

4. 根据要求完善个人资料，如图 6 - 4 所示。

图 6 - 4　信息填写

5. 完成博客开通，点击"快速设置我的博客"进行设置，如图 6 – 5 所示。

图 6 – 5　完成博客开通

6. 进入博客装扮界面选择博客风格，如图 6 – 6 所示。

图 6 – 6　选择博客风格

7. 添加关注，如图 6 - 7 所示。

图 6 - 7   选择想关注的博客

8. 完成博客设置，如图 6 - 8 所示。

图 6 - 8   完成博客设置

9. 原创或伪原创一篇有关阿萨特（DS - 1121）蓝牙音箱的文章（文章如下），发表到自己的博客中，在商品名或商品图片中加入外链接：http:// www. gqt168. com/product -

6308.html，设置好标签后发博文，如图 6 – 9 和图 6 – 10 所示。

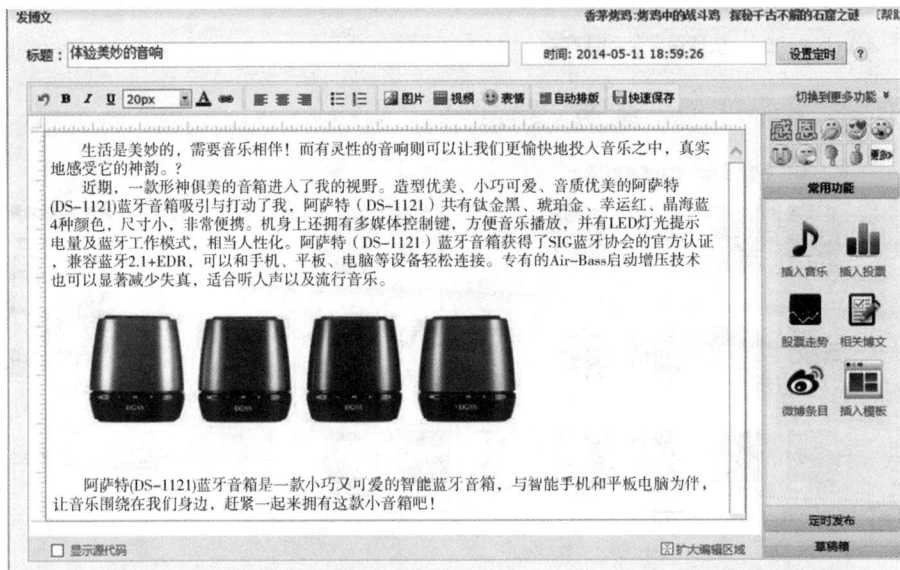

图 6 – 9   编辑阿萨特（DS – 1121）蓝牙音箱博文

图 6 – 10   设置博文

10. 成功发表博文，如图 6 – 11 所示。

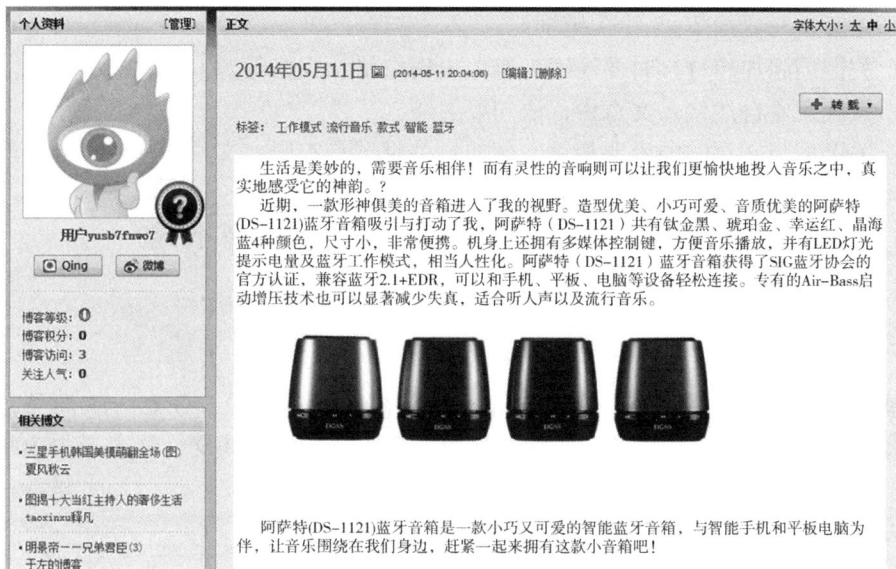

图 6 – 11　浏览已发表的博文

11. 点击博文中"阿萨特（DS – 1121）蓝牙音箱"链接或商品图片，进入家商城中的阿萨特（DS – 1121）蓝牙音箱网页，如图 6 – 12 所示。

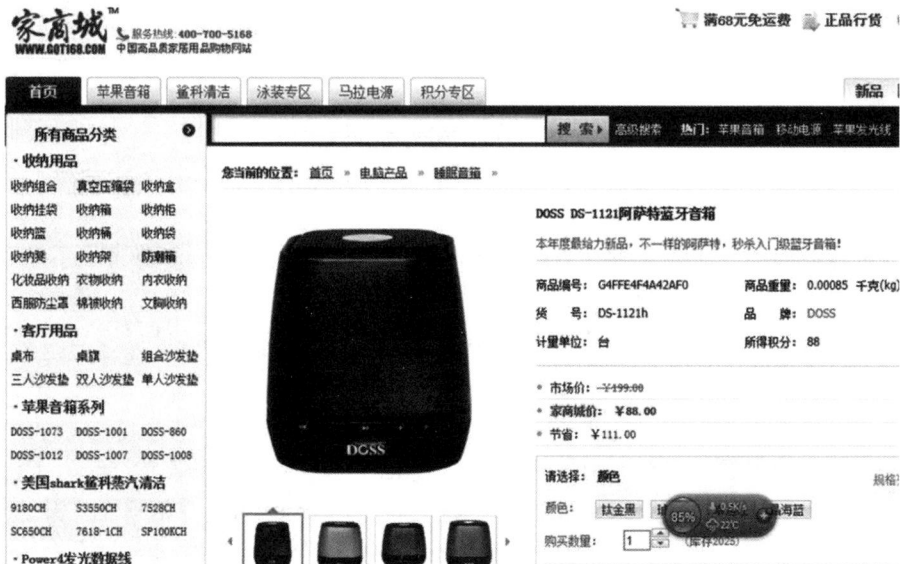

图 6 – 12　查看家商城网站中的阿萨特（DS – 1121）蓝牙音箱

注意事项：

（1）尽量不在第一段和最后一段添加超链接。

（2）每篇文章要加2~3个关键词。

（3）关键词添加超链接时要注意，避免出现空格、少格等。

（4）关键词要自然代入文章中，语句要通顺。

（5）关键词与文章的内容要相符，例如：关键词是衣服，文章却写成了电子产品，就是错误的。

（6）两个关键词锚文本之间要有一定的间隔，大约相隔100个字符。

四、能力训练

登录校企合作单位家商城主页 http：//www.gqt168.com，寻找任意一款商品，并利用新浪博客平台发布一篇展示该商品的相关参数、信息、特点的博文，要求最少300字，图文并茂，在图片或产品名称处设置超链接。

完成后把博文地址记录于此：＿＿＿＿＿＿＿＿＿＿＿＿＿＿＿＿＿＿＿

任务2　论坛营销

情景案例

> **教你如何吃垮必胜客**
>
> 去过必胜客的朋友，想必会对必胜客的沙拉有很深的印象吧，小小的一碗就要收几十元！
>
> 不过必胜客的沙拉是自助的，给你一个碗，你能拿多少就给你多少。不过必胜客太了解人性了，所以规定沙拉碗只能装盛一次，不管你能装多少。
>
> 那碗并不大，而且浅，简单地装，装不了多少。因此，如何保证自己的32元不至于被剥削太多，尽可能地把那只可怜的小碗装满你喜欢的水果，也就成了一门有趣的学问。我每一次去必胜客，都会被这门精深的学问所吸引，为此花了不少钱。
>
> 对此，我们有针对性地、科学地研究了沙拉的堆砌技巧，现不吝为大家奉上。
>
> 第一，不要怕难为情，认为装得太多会显得太小气，没素质，有伤优雅。千万别这样认为，人家赚你的钱，都没觉得害臊，你担心什么呀？和搭积木一样，这是一种技术。
>
> 第二，要想装得多，记住，一定要用手，千万不要用他们提供的勺子、夹子，那些东西用起来不方便。我每次去，看到有些哥哥妹妹在那里小心地用夹子码，就替他们着急，太没经验了，这样装能装多少呢？真要堆高了吧，还不严实。

第三，切记，要想把水果垒得高，一定要少用色拉酱，很多人以为色拉酱有黏合作用，把它当水泥用。其实色拉酱粘粘葡萄干、玉米粒还可以，但绝不能用它来粘黄瓜、菠萝等大块水果。用了色拉酱不但粘不住，还容易打滑，因为存在一个摩擦力的问题。

所以，必胜客为了鼓励更多的高手参与到"如何吃垮必胜客"的游戏中来，有一个很少人知道的规定：水果，只能拿一次，但色拉酱不但可以单独拿，还可以多拿几次，不受限制。

下面，我就说说具体如何拿：

在碗的最底下，先装满葡萄干、玉米粒，记住，尽量要干的，不要带太多的水。和碗口抹平，然后用勺子夯实。

然后，沿着碗口，慢慢地像砌墙、砌碉堡似的，一圈一圈地码上厚度均匀的黄瓜片；在圈圈的里面，小心地放入诸如黄桃、菠萝等块状的水果；在空隙处，撒入玉米粒、葡萄干和土豆粒。接着，再在上面铺一些胡萝卜条。记住，这些胡萝卜条的作用就像钢筋一样，是为了牵制加固围在外面的黄瓜的，如此，再一层一层地码上去。差不多了，可以用手，轻轻地试压几下，看看稳定性如何。最后，叫一手掌大的，最好是力气比较大的男生，一手托住碗，一手抚住上面，端回餐桌。

我们去必胜客的口号是"给我一个小碗，还你一个奇迹"。

我们吃必胜客的目标是"吃垮必胜客"。

我们叠沙拉的宗旨是"没有最高，只有更高"。

（资料来源：经验之谈：教你如何吃垮必胜客！必胜客叠沙拉记．嘻嘻网，2008－11－03.）

案例分析：这是一篇经典的论坛软文营销案例，软文的创意属于欲扬先抑类型，文章抓住了必胜客的主要客户群喜欢小情调又喜欢占小便宜的心理，最主要的是该帖配以详细的图文解说，像一个精明的食客在炫耀成功经验一般教大家一步步去实践"如何盛沙拉"。

值得一提的是，该帖一经发布后，很多网民参与实践，并且不断推陈出新，形成各种各样的版本，随着帖子点击量和转载量的急速飙升，必胜客的顾客量也迅速增长，成为当时最火的快餐连锁品牌。

一、任务目的

通过论坛营销的案例，带领同学们了解论坛营销的相关知识，掌握论坛营销的特点、内容，熟练掌握论坛营销的实施步骤，进一步认识论坛营销。

二、任务要求

1. 通过以下论坛营销案例、知识链接，了解论坛营销的特点、要素以及步骤。
2. 选择一件商品，对该商品进行论坛营销。

三、任务实施

1. 以新浪论坛为例，启动 IE 浏览器（Internet Explorer），在 IE 窗口的地址栏上输入网址 http://bbs.sina.com.cn，进入新浪论坛首页，如图 6 – 13 所示。

图 6 – 13　登录新浪论坛首页

2. 点击"注册通行证"，之后根据提示填写相关资料，获得新浪论坛账号，如图 6 – 14 和图 6 – 15 所示。

图 6 – 14　注册账号

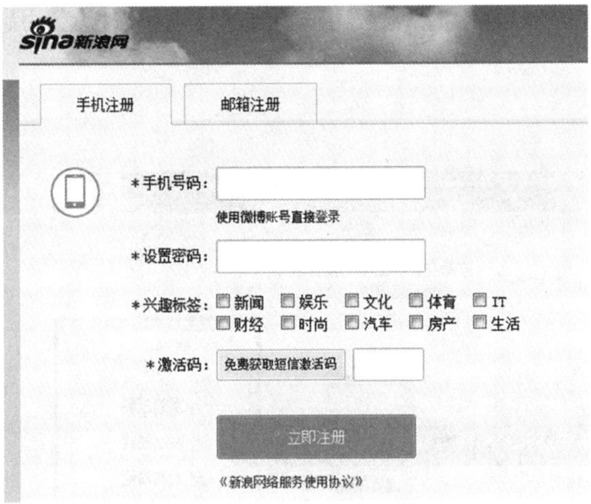

图 6 – 15　填写相关信息

3. 注册完成后进入新浪论坛主界面，浏览自己感兴趣的话题。以"新浪杂谈"为例，首先点击进入"新浪杂谈"板块，如图 6 – 16 和图 6 – 17 所示。

图 6 – 16　点击"新浪杂谈"板块

图 6 – 17　进入"新浪杂谈"板块

4. 将鼠标移至右侧"新帖"处，在下拉菜单里选择"发新话题"进入发帖界面，如图6-18所示。

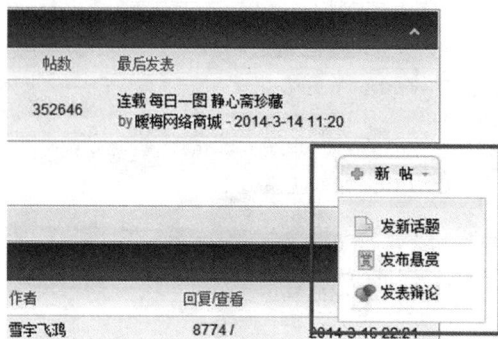

图6-18 发表新话题

5. 在发帖区域内分别输入标题、文字内容以及图片，如图6-19所示。

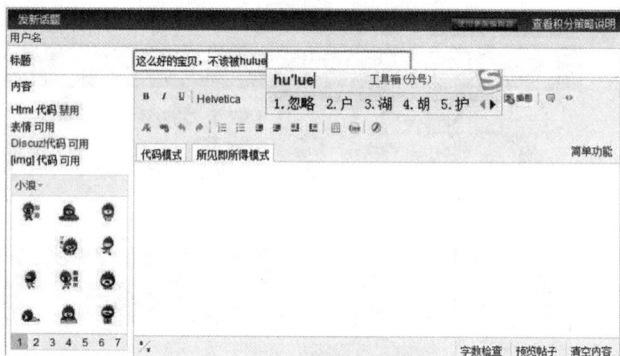

图6-19 编辑内容

6. 编辑完成后，点击发帖区域下方的"发新话题"，至此，完成论坛发帖，如图6-20所示。

图6-20 发表话题

四、能力训练

按要求完成以下操作：

（1）登录新浪论坛：http：∥bbs. sina. com. cn，并注册一个账号。

（2）选择一件商品，并对商品进行论坛营销。

（3）帖子发表完成后将帖子链接记录于此：_____

（4）论坛营销过程中发现的问题：_____

任务 3　QQ营销

情景案例

一、"食代世家"推广背景

作为美食广场的专业管理公司，"食代世家"迅速向全国扩展，在广州、上海、杭州、北京、天津、重庆、中国香港等地开设了二十多家分店。十多年的发展沉淀了其品牌理念及推广优势：

1. 品牌定位：美食丰富、价格低廉、环境优美、服务周到。

2. 品牌理念：好环境、好服务、好放心、好悠闲、好便捷。

3. 公司业务发展规划：规模化经营，直营连锁店经营。

4. 品牌竞争优势：

（1）拥有14年的行业管理经验。

（2）美食种类丰富，品种齐全，可满足不同地域、国家的消费者要求。

（3）总营业面积约30 000平方米，美食专柜超过240家，现场工作人员有3 000多人。

二、"食代世家"推广目的

1. 进一步塑造"食代世家"品牌形象。"食代世家"作为发展了十多年的成熟品牌，需要在此基础上进行品牌形象的进一步维护。

2. 吸引消费者注意，形成品牌联想。"食代世家"提供各种口味的美食，能满足不同消费者的需求，通过一系列的推广活动提升品牌的知名度，从而引起美食与食代世家的信息联想。

3. 对开业活动进行充分的宣传。开业活动对于当地的销售具有直接的推动作用，除了线下的开业活动之外，还必须开展紧密的线上宣传，提升全面推广的效果。

一、任务目的

本任务为企业网络推广，网络推广是企业营销战略的一个组成部分，是建立在互联网基础之上并借助互联网特性来实现特定目标的一种营销手段。通过本任务掌握利用 QQ 好友（群）、QQ 空间、微博、邮箱等软件的功能及相关知识，并选择恰当的推广方式，进行企业网络推广。

二、任务要求

1. 申请 QQ 账号，完善 QQ 账号的相关资料，以"食代世家"企业名称进行相关信息展示。

2. 在 QQ 空间上发表关于"美食新天地——食代世家"企业活动信息的网络日志，并在网上分享。

3. 在 QQ 上寻找目标客户和客户群，并发送相关的企业活动信息。其步骤为：

（1）找人（可按关键字、昵称等在 QQ 或搜索引擎上查找）。

（2）找群。

4. 通过 QQ 好友（群）、QQ 空间、微博、邮箱等进行企业信息展示，开展网络推广。

5. 利用 QQ 状态语开展网络营销。

6. 填写实训报告，如表 6 - 2 所示。

表 6 - 2　网络媒体营销

实训任务	操作步骤	备注
1. 营销任务策划（任务与目的）		
2. 安装 QQ 软件，申请账号并登录		
3. 添加 QQ 好友（群）		好友（群）越多越好
4. 利用 QQ 软件的相关功能进行网络营销		利用 QQ 好友（群）、QQ 空间、微博、邮箱等进行企业信息推广

三、任务实施

1. 登录 www. qq. com 下载安装 QQ 软件，运行 QQ 软件。申请新的 QQ 账号或输入已有 QQ 账号及密码并登录。完善 QQ 的相关资料，开通 QQ 空间、微博、邮箱，如图 6 - 21 和图 6 - 22 所示。

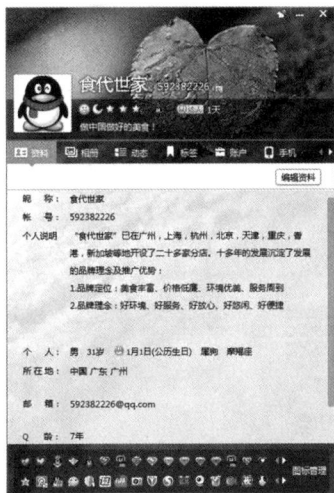

图 6-21　填写 QQ 的相关资料

图 6-22　开通 QQ 空间、微博、邮箱

2. 在 QQ 空间动态上（我的说说）发表"食代世家——美食新天地！欢迎你的到来，你会有意外惊喜的哟"。可见范围选择"所有人"，如图 6-23 所示。

图 6-23　在 QQ 空间上发表说说

3. 在 QQ 空间主页上发表"食代世家"的推广信息日志，并复制该信息链接地址：http://user.qzone.qq.com/592382226/blog/1399385641，分享到好友圈、空间和微博上，如图 6-24 和图 6-25 所示。

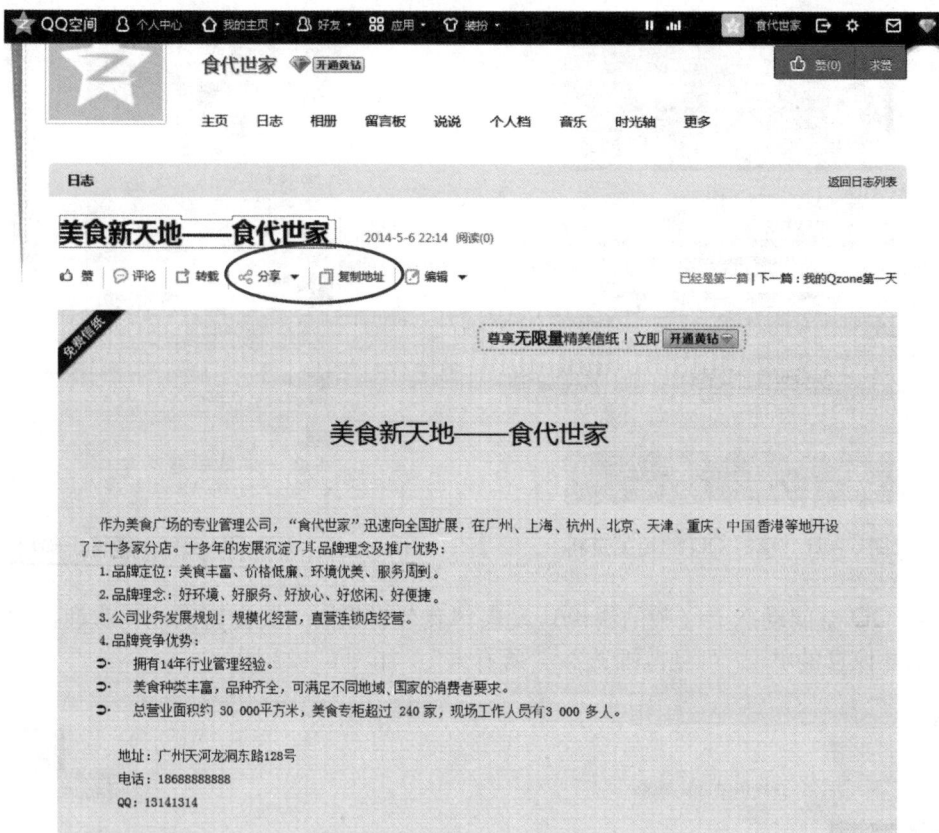

图 6-24　发表 QQ 空间主页日志

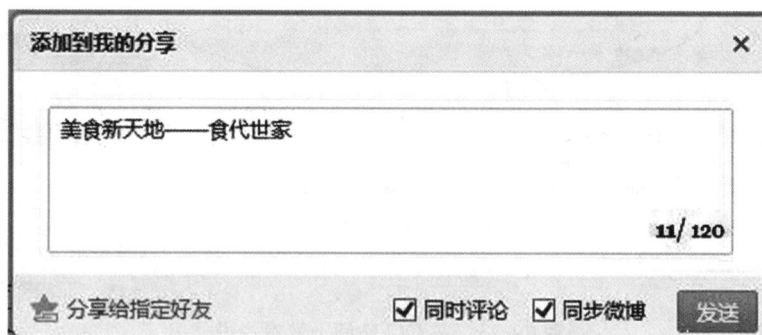

图 6-25　分享 QQ 空间日志到好友圈

4. 打开 QQ 的"查找"功能，添加新 QQ 好友（群），查找有关"美食"的服务、人、群等信息，并加入，发展壮大用户群体，如图 6-26 和图 6-27 所示。

图 6 - 26 利用"查找"添加好友、群

注意：可加群主为好友，建立信赖感。

图 6 - 27 添加群主为好友

加入方法：尽量私聊拉人进入、渗透群与群主的合作、自建群扩大影响。

（1）选 QQ 群的几个注意事项：

①选人群：选择与自己美食产品匹配的群，不要盲目地去加群，先找到适合自己的群。

②选人数：成员少的群不要加，尽量找一些人数多的群加入。

③选活跃度：不活跃的群不要加，这充分表明群成员对群没有感情，加了这样的群，

发表的信息无人响应，浪费群名额。

④远离同行：全员同质化严重的群不要加。

（2）加入群的基本方法：

①审批信息先感谢（例：群主大人，小弟请求加入！谢谢！）。

②朋友介绍我来的（例：我是朋友介绍来的……）。

③不同的 QQ 号加不同的群（一个人可以拥有多个 QQ 号码）。

④拒绝的群隔天继续加，第二次加尽量用不同的昵称。

⑤保持天天加群。

⑥被踢隔天加，多次被踢换号加。

⑦群满了隔天继续加。

5. 通过 QQ 好友圈或 QQ 群发送一个链接邀请他们来 QQ 空间点阅，空间应有较多的有关产品、企业的文字信息、相片或视频等资料供查阅，如图 6－28 所示。

图 6－28　给 QQ 好友圈或群发送信息

6. 进入 QQ 邮箱，给 QQ 好友圈或 QQ 群发邮件，介绍有关产品、企业的信息。同时发送有关 QQ 空间主页的链接地址，如图 6－29 所示。

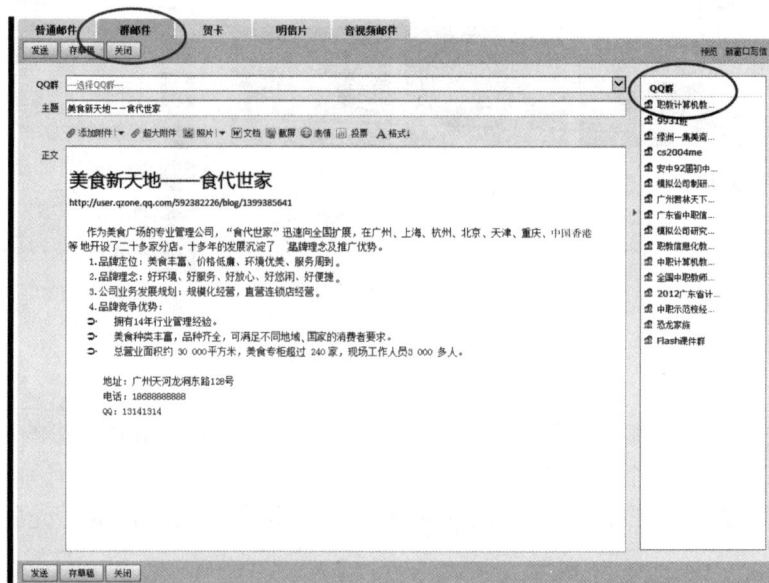

图 6－29　用 QQ 邮箱给好友或群发送邮件

7. 进入腾讯微博进行广播或通过微博向朋友发送微博，如图 6－30 所示。

图 6－30 在腾讯微博广播信息

8. 利用 QQ 状态语（自动回复）开展网络营销，如图 6－31 所示。

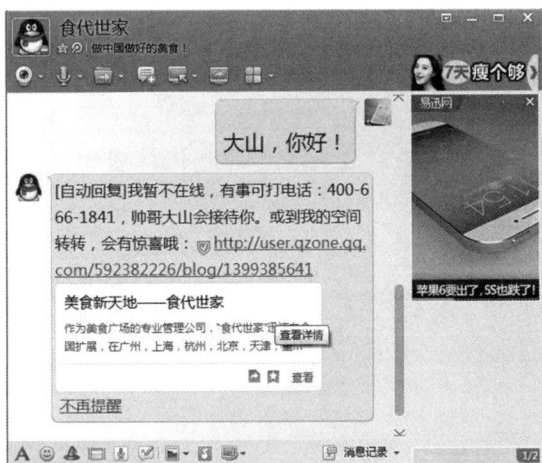

图 6－31 利用 QQ 状态语开展网络营销

四、能力训练

1. 登录校企合作单位家商城主页，了解其最新产品"欧凡 OV－K35MV 直插 3.5MM 脑后式 1.5M 语音耳机"的信息（http：// www. gqt168. com/product－6415. html），并利用微博、微信、QQ、论坛等网络媒体发布该产品信息的内容链接，要求最少发送给 10 个好友和 3 个好友群，进行病毒性营销传播实验，看看什么时候信息能回到你这里。

2. 为学校"创世纪模拟公司"策划一个网络营销方案，并上网尝试实施该方案，跟踪实施效果。

任务 4　微信营销

情景案例

中专生微信上开水果店

广东省对外贸易职业学校的几名电商专业的学生瞄准微信的社交平台商机，组建"外贸微果坊"销售水果，每日在微信公众号上向关注自己的用户推送水果的价格和品种等信息，有意向的同学及老师可直接向微信公众号订购。其首次在校园推广，开张两天就有很多人关注，接到了×××个订单……

案例分析：微信已经成为各行各业的营销法宝。通过以上案例，发现他们之所以成功，存在几个原因：足够多的好友数量、经常保持密切联系、个人信用保障成交率、销售日常高频率、使用的商品贴近生活等。

淘宝用了10年的时间，才发展了不到1 000万个卖家，微商仅仅用了一年，就有了超过1 000万的卖家。且不说在朋友圈卖货的人，仅仅是口袋微店数量就已经超过了1 200万，商品SKU总数超过了11亿元，同时微信用户早已经超过5亿人，开通微信支付的已有8 000万。

一、任务目的

本任务为微信营销，校园微信是伴随着微信的火热而兴起的一种网络营销方式。微信不存在距离的限制。注册微信后，可与周围同样注册的"朋友"形成一种联系，商家通过提供给用户需要的信息来推广自己的产品，从而实现点对点的营销。本任务通过组建"外贸微果坊"微信公众平台进行相关信息的展示和销售，旨在校园内打造"水果文化"，让同学们知道和了解水果的产地、营养、食用方式、保存等内容，在学校对水果的相关知识进行宣传和普及。

二、任务要求

1. 申请微信公众号，完善公众账号的相关资料，以"××微果坊"进行相关信息展示。

2. 在微信公众平台上发布关于水果的文章，并在网上分享。

3. 通过调查，寻找目标客户，了解他们购买水果时的喜好，并发送相关宣传活动信息，如图6-32所示。

图 6 - 32　微信活动信息

4. 通过微信进行网络推广。

5. 填写实训报告，如表 6 - 3 所示。

表 6 - 3　微信营销

实训任务	操作步骤	备注
1. 营销任务策划（任务与目的）		
2. 调查		
3. 申请账号并完善资料		
4. 利用微信进行网络营销		

三、任务实施

第一步：建立微信公众号。

1. 启动 IE（Internet Explorer），在 IE 窗口的地址栏输入 mp. weixin. qq. com，进入微信公众平台的登录界面，或者通过百度搜索"微信"，进入微信公众平台页面，如图 6 - 33 所示。

图 6 - 33　登录微信公众平台首页

2. 点击右上角的"立即注册",进入注册界面,输入注册所需的基本信息。

3. 这时候我们填写注册的邮箱会收到一封激活邮件,点击激活链接,将邮箱激活即可。

4. 在邮箱激活后,我们需要进行信息登记,类型选择个人,剩下的信息根据自己的实际情况如实填写即可。

5. 提交成功之后,我们就能填写公众平台的信息了。

6. 注册成功,直接进入微信公众平台的操作界面。

注意事项:认证审核有七天的审核期,审核通过了才能使用公众平台的全部功能。

第二步:策划微信营销。

微信公众号建立完成后,就要考虑如何宣传、如何取得货源、如何把产品卖出去的问题。其实,我们可以借助校园的优势,例如:周边水果摊的老板,可作为货源;校园里的宣传可在宿舍门口张贴二维码,或者进班宣传,只有这样才能让微信点单行业有利可图,如图 6-34 所示。

销售流程:

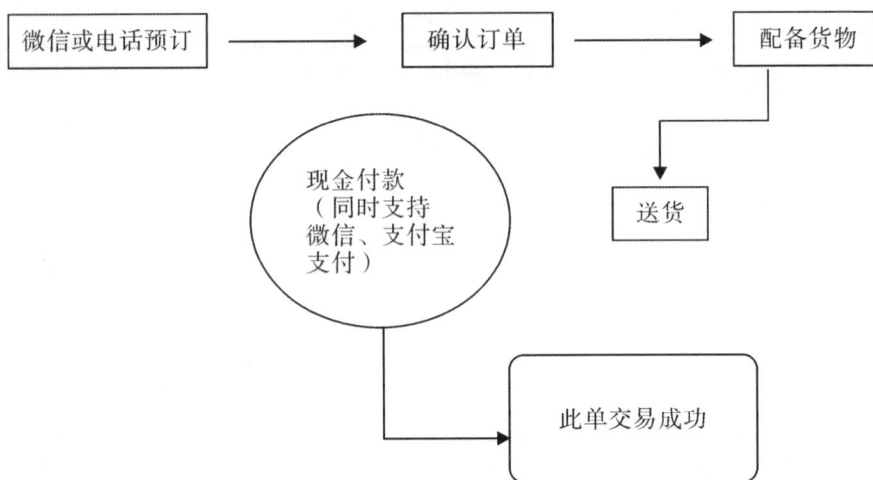

图 6-34 销售流程

四、能力训练

1. 登录校企合作单位家商城主页,了解其最新产品"欧凡 OV - K35MV 直插 3.5MM 脑后式 1.5M 语音耳机"的信息,(http://www.gqt168.com/product - 6415.html)并利用微信网络媒体发布该产品信息的内容链接,要求最少发给 10 个微好友和 1 个微信群,进行病毒性营销传播实验,看看什么时候信息能回到你这里。

2. 为学校"校园水果"策划一个网络推广方案(利用微信好友、微信群),并上网尝试实施该方案,跟踪实施效果。

【知识链接】

一、SEO

1. SEO 的定义。SEO（Search Engine Optimization），中文意思是搜索引擎优化。搜索引擎优化是运用技术手段，通过团队和项目操作在不直接付费的情况下，利用搜索引擎的排名规律，对搜索引擎如 Baidu、Google、Sogou、Soso 等进行合理优化，提升关键词排名，让搜索引擎给企业带来客户。SEO 是网络推广的一种形式，属于网络营销中的免费推广手段。

2. SEO 的实施。SEO 的主要任务是通过对网站结构、关键词选择、网站内容规划进行调整和优化，提高网站在搜索结果中的自然排名。

SEO 是通过研究各类搜索引擎机器人（也称蜘蛛）的程序，以及研究抓取互联网页面、文件和搜索引擎进行排序的规则，来对网页进行相关的优化，使其有更多的内容被搜索引擎收录，并针对不同的关键词获得搜索引擎左边更高的排名，从而提高网站的访问量，最终提升网站的销售能力及宣传效果。

SEO 对于企业网站获得较高的点击率来说，是最为便捷和简单的途径，能为企业做好网络营销推广打下良好基础，搜索引擎优化常用以下方法：

（1）对网站框架进行整体优化。网站格式层次优化以提高人们访问时的便捷性为主，好的框架同时也会提高搜索引擎机器人（也称蜘蛛）的抓取频率。

（2）关键词的选择优化。网站在对关键词进行分析定位时，要考虑网站的定位，挑选的关键词必须与自己提供的服务有关，要清楚搜索用户是习惯用品牌名还是通用名，同样的产品是否有多个叫法或别名。网站关键词进行初步定位时，要确定网页关键词，并对关键词进行优化，提高用户搜索时的搜索概率并提高搜索引擎的抓取率。把网站提交到各大搜索引擎（Baidu、Google、Sogou、Yahoo），使其被搜索引擎收录。

3. 网站内容优化。要经常对网站内容进行更新，及时丰富网站内容，提升网站在搜索引擎上的收录量及客户体验感。长期不更新的网站是不会受到搜索引擎机器人青睐的，网站有大量的优质原创内容，也需要 SEO。

4. 网站链接优化。链接可分为内部链接和外部链接，常用的增加内部链接的方法是在网站中多建立一些与其内容相关的网页，将新建的网页内容的关键词导入即可。网站要进行链接，增加外链的途径很多，可以通过论坛、分类信息、博客、问答类网站、百科、行业网站等建设大量的高质量外链，来获取网站排名及流量；通过友情链接寻找免费的同行业站建立长期的链接关系，购买高质量的友情链接提升网站权重。外链只是一种锦上添花的推广手段，一个网站必须做好自身内容才能得到长远发展。

5. 网站知名度优化。通过社会化书签推广、网上目录黄页提交、流量 IP 等手段提升网站知名度及网站排名。

SEO 是一个整体策略，是依附在搜索引擎上而生存的。SEO 在与竞价排名的竞争中表现不凡，受到广大用户的追捧，展现了其内在魅力。

二、论坛营销

(一)论坛营销的定义

论坛营销就是企业利用论坛这类网络交流的平台,通过文字、图片、视频等方式对消费者进行针对性心理引导的过程,让目标客户更加深刻地了解企业的产品和服务,最终达到企业品牌宣传、产品销售的目的。

(二)论坛营销技巧

1. 选择合适的论坛。在进行论坛营销之前,一定要了解所营销的产品,选择有自己潜在客户的论坛,可以选择人气较旺的论坛。目前,国内较有名气的论坛有:天涯社区、猫扑论坛、新浪论坛、搜狐论坛等,但人气太旺也有不好的地方,比如帖子很快就被其他帖子淹没,这大大缩短帖子的曝光时间。选择好论坛之后要选择和你所要推广的产品相呼应的版块进行发帖。

2. 重视标题的设计。任何一篇文章,读者第一眼接触的都是标题,一个标题的好坏基本决定了读者是否会继续阅读。从软文撰写的角度来讲,标题一般要概括出文章的主要内容,要么是文章的线索,要么是情感的出发点,要么一语双关,要么用修饰、夸张、联想等手法引起读者的兴趣。此外,有几个原则可以参考:标题的设置要简明扼要,一目了然;针对性强且通俗易懂;人性化以及形象化;差异化和数据化。

标题设置常用的套路:

(1)新闻式:《寻找一个被淡忘的传奇》《一份惊人的报告》。

(2)疑问式:《医疗减肥是否适合你》《我是怎么在1年内赚足500万的》。

(3)故事式:《一个关于冰啤酒的谎言》《不寻常的嫁妆》。

(4)数字式:《升温7度,6种老人面临3种考验》《30岁的人,60岁的心脏》。

(5)建议式:《家长,你该重视了》《给六种老人提个醒》。

(6)反问式:《孩子的想法不该关注吗》《爸妈失眠,你管不管》。

(7)逆向思维式:《吃一堑未必长一智》《挥汗如雨未必有益健康》。

3. 内容布局要做到"凤头,熊腰,豹尾"。软文布局就是对文章中的材料、作者的认识、文章的中心思想进行合理的安排,形成一个完整和谐的整体。"凤头"就是文章开头要新颖,有吸引力;"熊腰"就是文章内容要丰满;"豹尾"就是结尾设置巧妙,强而有力。一篇完美的软文要求在文章布局中,所有材料的编排合理有序,观点和论据始终围绕着主题,不能相互矛盾。

软文布局的常用方法:

(1)抑扬式。抑扬式是记叙文中常见的写作技巧,可分为欲扬先抑和欲抑先扬两种方式。欲扬先抑,是先讲不好的方面,为接下来的"扬",也就是褒扬做铺垫。而欲抑先扬正好相反。这种写作方式可以避免平铺直叙,让文章情节起伏多变,引人入胜。

(2)正反对比式。正反对比式,就是把两种对立的事物或同一事物互相矛盾的两个方面进行对照比较,肯定什么,否定什么,提倡什么,反对什么。具体地说,就是在论证过程中既要正面说理,又要反面阐述,在对比分析中,突出论点,使材料更有说服力。

（3）悬念式。通俗地讲，就是在文章里设置疑团，如将故事情节、人物命运或事物现象等推至关键处后故意岔开，不作解释，使读者产生急切的期盼心理，并随着文章的深入将谜底层层剥开，引出论点。

（4）长帖短发。一般逛论坛的网民看帖都是没有耐性的，太长的帖子，无论有多大吸引力，很少有人能够坚持把它看完。所以一定要长帖短发，如何长帖短发呢？长帖短发并不是叫你把帖尽量缩短，而是将一帖分成多帖，以跟帖的形式发布，就像电视剧一样，并且可以每隔一段时间再发一帖，让人有追帖的欲望。

（5）广告植入要巧妙。论坛营销的关键在于广告的植入，它追求的是一种"春风化雨、润物无声"的传播效果。如带有故事性色彩的描述，或者是新闻类资讯、产品解析、同类产品对比，或借用第三者的身份，比如用某专家称、某网站的统计数据、某人的话来引出目标产品。

（6）发帖要求质量第一。发帖不在乎数量的多少，发了多少个地方，而在于帖子的质量如何。如果发得多，但总体流量不多，自然宣传效果也不好。我们发帖，关键是为了让更多人看，变相地宣传自己的产品，追求的是最终流量。所以发高质量的帖子，可以花费较少的精力，而获得较好的效果。另外，如果你的帖子质量够好，那么很可能被别人转载。

三、媒体营销

（一）社会化媒体营销

社会化媒体营销就是利用社会化网络、在线社区、博客、百科或者其他互联网协作平台与媒体来传播和发布资讯，从而形成营销、公共关系处理和客户关系服务维护及开拓的一种方式。一般社会化媒体营销工具包括论坛、微博、博客、SNS社区、图片和视频，通过自媒体平台或者组织媒体平台进行发布和传播，如下图所示。

社会化媒体格局图

网络营销中的社会化媒体主要是指具有网络性质的综合站点，其主要特点是网站内容大多由用户自愿提供（UGC），而用户与站点不存在直接的雇佣关系。

社会化媒体营销要在自主信息时代走向成熟的关键的几点有：

（1）如何做到让目标客户触手可及并参与讨论？

（2）传播和发布对目标客户有价值的信息。

（3）让消费者与你的品牌或产品产生联系。

（4）与目标客户形成互动并感觉产品有他的一份功劳。

（二）邮件列表

邮件列表是为了解决一组用户通过电子邮件互相通信的问题而发展起来的，是一种通过电子邮件进行专题信息交流的网络服务。它一般是按照专题组织的，目的是为从事同样工作或有共同志趣的人提供信息，与他们开展讨论、相互交流或向他们寻求帮助。

（三）博客

博客，又译为网络日志、部落格或部落阁等，是一种一般由个人管理、不定期张贴新的文章的网站。博客上的文章通常根据张贴时间，以倒序方式由新到旧排列。许多博客专注在特定的课题上提供评论或发布新闻，其他则被作为比较个人的日志。一个典型的博客结合了文字、图像、其他博客或网站的链接及其他与主题相关的媒体，能够让读者以互动的方式留下意见，是许多博客的重要组成要素。大部分的博客内容以文字为主，但仍有一些博客专注于艺术、摄影、视频、音乐、播客等各种主题。博客是社会媒体网络的一部分，比较著名的有新浪、网易、搜狐等博客。

（四）个人主页

个人主页是从英文"Personal Homepage"翻译而来的，更恰当的意思是"属于个人的网站"。所以个人主页其实就是一种最简单的个人网站，一般情况下无下级页面（多层页面的就不宜称主页，而应该叫网站，任何网站都是由 N 个页面组成的）。博客也属于个人主页。个人主页就是根据自己的兴趣爱好或价值取向，为了展示自我、与人交流而在网络上创建的、供其他人浏览的网站。在我们国家，应用最广泛的就是腾讯 QQ 的空间，在空间里，主人可以写日志、说说、心情、上传照片、转载文章、互动讨论，还可以添加各种游戏应用。

（五）微信营销

1. 微信功能。微信是腾讯公司于 2011 年初推出的一款通过网络快速发送语音短信、视频、图片和文字，支持多人群聊的手机聊天软件。

2. 什么是微信营销。微信营销是网络经济时代企业营销模式的一种创新，是伴随着微信的流行而兴起的一种网络营销方式。用户注册个人微信后，可订阅自己所需的信息，即关注微信公众号。商家通过提供用户需要的信息，推广自己的产品，从而实现点对点的营销。

产品功能介绍

产品功能介绍

如何做微信公众号营销？简单来讲，就是向你的潜在客户推送有价值的广告信息，最终这些客户通过关注你的个人微信号或者企业微信号成为你的粉丝，从而达成交易的粉丝营销过程。

3. 微信营销的方向流程。

（1）建平台，定位。

①第一步要先定位你要卖的是什么产品，针对的是老人、小孩，男人、女人，还是孕妇或者学生等。

②定位好后就申请微信账号，微信昵称可以根据你的定位来写，这边就有关于微信标题的 SEO，在将来可能有关于微信名称竞价的东西出现。

③也可以申请订阅号或者服务号（各自的方式不一样）。

④技巧：如果说你一开始还没定位好，可以建议大家申请 3 个账号，一个专门加女粉丝，一个专门加男粉丝，另一个账号不区分性别，随便加。

（2）选品。

目前在微信上销售较多的是化妆品与餐饮类的产品。

①资源：尽量选择当地货源、当地土特产，为自制的、大众化的快消品、食品等，建议选择快消品来销售。

②兴趣：按你的兴趣去卖，这样你才会花心思去研究。

③毛利：选择毛利较高的产品。

④售后：尽量选择售后服务需求较少的产品。

（3）圈客户，增粉丝。

增加粉丝的方法有很多，大家圈粉前要跟前面的定位做好配合，同时要明确你经营的粉丝是男，还是女，或是随意，你的定位是批发还是零售等，这些都要考虑好。

①最简单的就是导入法：可以将 QQ 及手机通讯录的人导入微信中。QQ 号哪里找：可以多加些比较有针对性的群，从中去加好友，或者大家知道微信可以改变绑定的 QQ 号；手机号哪里找：在当地报纸、媒体、移动公司、企业、淘宝店、百度、58 同城网站等很多地方都可以获得电话号码，或者有软件可以使用。

②基本的微信功能：摇一摇、附近的人、漂流瓶，使用好的话增加的粉丝也是很多的。

③软文：大家可以自己写原创文章，如果不懂得写的话可以去找别人写得比较好的文章进行整合修改，再到各个平台发布。

④用户群软文：你的客户群他们比较关注的是什么，就给他们推荐相关的软文。

⑤微信群、QQ 群也是能加粉丝的。扫描群的二维码就能立刻加群。

⑥视频加粉：通过视频加粉丝。

⑦团队加粉：这个是目前比较多人在用的一个方法，做的就是批发类的。组团队进行演讲，这个方法加到的粉丝信任度黏性很高。

⑧软件加粉：通过软件加粉丝。

⑨扫描二维码：这种比较适合实体店做线上线下增粉。

⑩互推：互相推广，需要一些技巧。

（4）运营。运营微信过程中有三点比较重要：

①互动：跟客户交流聊天，利用强大的群发功能。

②内容：提供优质内容，跟撰写软文的方法差不多，但又有本质的差别。微信运营内容更需要去研究粉丝的心理，提供他们想要的、能给他们帮助的东西，同时你还要对文案进行设计，设计一些引导粉丝思维的东西，慢慢引导他们的思维，将他们的思维往我们的产品上引导，举个很简单的例子：比如你卖化妆品，这时候我们可以经常推送一些关于使用廉价化妆品后产生不良效果的内容等。

③活动：很经典的微信活动就是集赞活动，用户可以标新立异，策划出自己独特的活动。多去浏览其他一些电商平台搞的活动，再结合自己的一些特点进行策划（如

"爸气十足"活动），活动一定要有新意、有创意。

（5）销售。微信销售有一个很重要的特点就是具有调动性。可以调动粉丝胃口，将他们往我们的产品思维上引导，比较多的就是客户反馈。

【思考与训练】

一、单项选择题

1. 搜索引擎优化的简称是（　　）。

A. SEO　　　　　　　B. SEM　　　　　　　C. SEC　　　　　　　D. SERP

2. 以下可以提升网站知名度及网站排名的是（　　）。

A. 网站知名度推广　　　　　　　B. 通过社会化书签推广

C. 网上目录黄页提交　　　　　　D. 以上三项都是

3. 中国基于内容定位的搜索引擎广告于（　　）年出现。

A. 2001　　　　　　B. 2007　　　　　　C. 2003　　　　　　D. 1999

4. 以下关于软文的描述，正确的是（　　）。

A. 由企业的市场策划人员或广告公司的文案人员来负责撰写的"文字广告"

B. 追求的是一种"春风化雨、润物无声"的传播效果

C. 软广告所具有的科普性、知识性、新闻性使读者愿意接受这些信息，并从中知晓一定的知识，让读者不知不觉地记住了该产品和品牌，且不会产生抵抗心理

D. 以上选项均正确

5. 1999 年第一个借助软文疯狂火爆的是（　　）品牌的产品。

A. 巨人　　　　　　B. 三株　　　　　　C. 脑白金　　　　　D. 红桃 K

6. 在软文中设置有效的关键词，下面说法错误的是（　　）。

A. 关键词是描述你的品牌、产品、网站或服务的词语

B. 通过长期的观察来去除一些没人使用的或较少人使用的关键词

C. 关键词可以随便选择，越多越好

D. 选择适当的关键词是增进被搜索率的第一步

7. 软文的目的和宗旨是什么（　　）。

A. 推销产品　　　　　　　　　　B. 推销服务

C. 推广理念　　　　　　　　　　D. 制造需求和引导消费

8. 未来软文的发展方向是什么（　　）。

A. 广告专栏性质　　　　　　　　B. 平面软文广告

C. 潜藏式广告的软性营销　　　　D. 软文专业化

9. 根据邮件列表内容的一般原则可知（　　）。

A. 邮件列表需要主题　　　　　　B. 要有邮件列表名称

C. 邮件正文是核心内容　　　　　D. 以上都对

10. 通常由一个管理者向所有成员发送信息，如电子杂志或新闻邮件，并对整个组的成员进行管理，这样的邮件列表被称为（　　　）。

A. 公告性邮件列表　　　　　　　　B. 讨论型邮件列表

C. 公开型邮件列表　　　　　　　　D. 封闭型邮件列表

11. 网络营销的本质是（　　　）。

A. 抓住客户，满足客户　　　　　　B. 网上拍卖

C. 销售产品　　　　　　　　　　　D. 建立网络渠道

12. 企业开展博客营销的一般原则是（　　　）。

A. 正确处理个人观点与企业立场的关系

B. 博客文章应该注意保密

C. 博客文章必要的声明

D. 以上都需要处理好

13. 下列不是网络营销诱发消费者购买的直接动因是（　　　）。

A. 产品质地　　　　　　　　　　　B. 文字的表述

C. 图片的设计　　　　　　　　　　D. 声音的配置

14. 软营销与强势营销的主要区别在于（　　　）。

A. 软营销的主要手段是传统广告和人员推销

B. 软营销的主动方是企业

C. 强势营销更遵守网络礼仪

D. 软营销的主动方是消费者

二、多项选择题

1. 按照 E-mail 营销的应用方式，E-mail 营销可以分为（　　　）。

A. 非经营性 E-mail 营销　　　　　B. 服务性 E-mail 营销

C. 经营性 E-mail 营销　　　　　　D. 在线 E-mail 营销

2. 网络社区的主要形式有（　　　）。

A. 聊天室　　　　　　　　　　　　B. 交友

C. 论坛（BBS）　　　　　　　　　D. 网络寻呼

3. 网络营销工具主要类型有（　　　）。

A. 网站工具　　　　　　　　　　　B. 交换链接工具

C. 搜索引擎工具　　　　　　　　　D. E－mail 工具

4. 交换链接的其他叫法是（　　　）。

A. 互惠链接　　　　B. 友情链接　　　　C. 互助链接　　　　D. 互换链接

5. E-mail 营销与其他网络营销方法的关系中，下面说法正确的是（　　　）。

A. E-mail 广告是网络广告的一种形式

B. E-mail 营销是主动营销

C. E-mail 是问卷调查的一种方式

D. E-mail 营销与其他营销方式可互相促进

三、判断题

1. 外链只是一种锦上添花的推广手段，一个网站必须做好自身内容才能得到长远发展。 （ ）

2. 网站有大量的优质原创内容，就不需要 SEO。 （ ）

3. 经常更新的网站更容易得到搜索引擎机器人的青睐。 （ ）

4. SEO 包括了网络营销的所有免费推广手段。 （ ）

5. 搜索引擎机器人会回访已抓取过的网页。 （ ）

6. 软文是相对于硬性广告而言，由企业的市场策划人员或广告公司的文案人员来负责撰写的文字广告。 （ ）

7. 受众对信息的敏感度越来越高，使得传统广告的效果越来越好。 （ ）

8. 由于软文在不影响用户体验的基础上还能够达到既定的更高效果，所以备受推崇。 （ ）

9. 新闻类软文是以媒体的口吻、新闻的手法对某事件进行报告，由于其夹杂在正常新闻中，且完全用新闻体组织的正文结构，让人防不胜防，对于非专业人士，根本无从辨认。 （ ）

四、简答题

1. 什么是 SEO？
2. 在互联网上可以通过什么地方做外链？
3. 根据所学知识，设置两个疑问式标题。
4. 列出软文标题常用的方式，并就"软文的标题重要不重要"这个话题谈谈你的看法。
5. 网络社区的主要形式有哪些？
6. 何谓博客营销，企业如何开展博客营销？
7. 病毒性营销的一般规律是什么？

五、案例分析

案例 1

妈妈减肥

其实，妈妈不算特别胖的人。不知道为什么，妈妈决定减肥了，还约定让爸爸和我监督，听爸爸说是因为爱美。因为担心减肥产品有副作用，妈妈决定靠少吃饭来减肥。

妈妈是说话算话的人。决定减肥后，真的开始少吃饭了。不过才两周，妈妈就觉得受不了。她说太饿了，不过既然约定让我和爸爸来监督，我得负起责任来。每次吃饭，我只准她吃半碗饭，并且必须在 5 分钟内吃完，以免她多吃菜来弥补。

说实话，妈妈只是身材稍微有些发胖，用她的话说毕竟也是"奔四"的人了。妈妈在银行工作，如果穿上职业装还是挺漂亮的。随着减肥计划的推进，妈妈的精神好像越来越差，我和爸爸觉得有可能是饿的，于是劝她放弃减肥。因为我知道，在饿的时候，非常难受，一点儿精神都没有，什么事情都懒得做，就想吃东西。

妈妈正好找个台阶下，减肥到此结束。可是，一周后，妈妈突然再次当着我和爸爸的面宣布重新开始减肥。原来，妈妈听同事说纤美减肥茶和雅莱减肥饼干对减肥非常有效，最主要的是据说这两种产品是人民大会堂的营养保健师、营养学专家国敏元教授发明的，配方都是纯天然的，没有任何副作用。

我和爸爸还专门上网查了查，发现没有负面报道，在一些论坛上很多网友留言赞扬。这种减肥产品提倡的是全营养减肥法，说白了就是在减肥的同时不减少营养。这下，爸爸和我都放心了。

也不知道那个雅莱饼干有什么成分，妈妈晚上只要吃一小包，再喝一杯纤美减肥茶，她竟然不用吃晚饭了，而且直到第二天早上都不会说饿，看起来也很精神。

不知不觉两个月过去了，妈妈竟然瘦了20斤！妈妈穿上了衣柜里她结婚前买的名牌牛仔裤，从来没有当着我的面夸过妈妈漂亮的爸爸这次连说"好漂亮"。

妈妈减肥成功，我和爸爸商量给妈妈颁发一个家庭最佳行动奖。不过，妈妈减肥成功了，下一个减肥的应该是爸爸，其实他才是家里最胖的人。

徐秋月　中关村实验小学

（资料来源：小学生作文评析：妈妈减肥. 西安在线，2011－05－03.）

1. 该篇软文以什么角度来描述什么样的故事？
2. 你认为该篇软文在写作上体现出什么优点？

案例2

小李大学毕业后应聘上一个不出名的电脑公司的市场营销岗位。现公司欲学习 Dell、IBM 等国际著名的同类厂商的做法实施网络营销，进一步加强对公司网站的推广。特委派网络营销专业毕业的小王负责公司网站的推广和宣传工作。

假如你是小李，联系课程学习的知识，你会采用哪些技巧来做这个推广工作？

项目七　网络广告推广

【学习任务】

1. 制作静态及动态的商品广告。
2. 将广告通过邮箱、微信或 QQ 空间、淘宝网、优酷、论坛等发布出去。

【学习目标】

1. 了解网络营销广告的形式，掌握网络营销广告的制作方法。
2. 掌握网络营销广告的发布方法。

任务 1　网络广告制作

情景案例

腾讯与京东联姻的影响

2014 年 3 月 10 日，腾讯以 2.14 亿美元及旗下电子商务资产入股京东 15% 的股权。双方同时签署的战略合作协议则称，腾讯将向京东提供微信和手机 QQ 客户端的一级入口位置及其他主要平台的支持，以助力京东在实物电商领域的发展。双方还将在在线支付服务方面进行合作，以提升顾客的网购体验。

受此影响，京东新的招股书披露腾讯入股后，京东市值估值达到 157.21 亿美元，而 2013 年 12 月京东估值仅仅 80.3 亿美元，这表明在短短几个月内，京东估值上涨 95.8%。

案例分析： 现阶段微信拥有 6 亿用户，QQ 用户超过 8 亿，腾讯与京东的强强联手，可以大大增加京东的潜在客户数。Facebook、Twitter、微博、微信、QQ 等社交媒体越来越受人们的欢迎，它们影响着许多人的日常生活，特别是年轻人。使用社交网络做网络营销广告常常可以取得传统广告难以企及的效果。另外，移动端的电子商务是未来电子商务发展的重点及最主要的增长点，谁能占有移动端用户，谁就很可能主导未来的电子商务。2014 年初，快的打车、嘀嘀打车花几亿的钱来补贴的士乘客及司机的行为，目标也在于争取移动端的用户，以争取更大的未来发展的空间。因此，京东的市值估值能够在几个月内大幅度上涨，是其与腾讯的联姻带来的直接影响，给其带来了数目众多的潜在客户，拓展了其未来发展的空间。

一、任务目的

通过在 Photoshop 中制作静态及动态的商品广告，了解商品广告制作的思路与方法。

二、任务要求

1. 通过制作飘柔洗发水的静态广告，掌握商业广告的背景色来自产品本身的设计技巧，掌握文字的处理技巧。

2. 通过制作九阳料理机的动态广告，了解 Photoshop 中制作动态广告的方法，掌握简单的抠图应用，掌握动画的存储方法。

三、任务实施

1. 飘柔洗发水静态广告制作。

（1）在 Photoshop 中新建 600 * 600 像素、分辨率为 72 像素/英寸、内容为白色的 RGB 画布，画布命名为"洗发水广告"。打开"项目五素材—飘柔洗发水. jpg"，将图片移到"洗发水广告"画布中，这时会产生新的图层"图层 1"，按下 Ctrl + T 快捷键执行自由变换命令，在选项栏中按下"保持长宽比" W: 100.00% 高: 100.00% 保持长宽比 按钮，拖动调控框的任意一个角，调整洗发水图片的大小及位置，调整好后按回车键确认。用"魔棒工具"点击"图层 1"洗发水图片外面的白色，并按 Delete 键将白色部分删除，只留洗发水图片主体。打开飘柔 Logo，将 Logo 移入洗发水广告中并调整其大小及位置，双击 Logo 图层的缩略图，为其添加"投影"图层样式。设置背景色为白色，前景色为洗发水瓶子中较浅的绿色（用吸管工具吸取），选择渐变工具，使用前景到背景色的填充内容，用线性渐变填充方式填充背景层，效果如图 7 - 1 所示。

图 7 - 1　素材图片合成后的图层情况

（2）打开"项目五素材—放大镜. psd"，将放大镜移入"洗发水广告"画布中，调整放大镜的大小与位置，用"椭圆选框工具"选取放大镜镜片大小的圆形选区，选中瓶子所在图层，按下 Ctrl + J 组合键复制出瓶子的一部分，用 Ctrl + T 快捷键执行自由变换命令稍稍放大复制出的瓶身部分，用图层蒙版将超出放大镜的瓶身部分遮挡住。这样，洗发水的功能部分便突出了，效果如图 7 - 2 所示。

图 7 - 2　放大镜放大效果

（3）设置前景色为红色（#f6112c），选择多边形工具，在工具选项栏中设置边数为 30，多边形选项为"星形"，缩进边依据为 15% ，在画布左上角绘制红色星形形状，如图 7 - 3 所示。

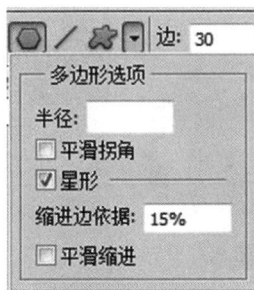

图 7 - 3　价标的制作参数

（4）设置前景色为白色，在星形形状上方输入"秒杀价"及"￥9.9"字样。设置前景色为蓝色，输入"750ml 的无屑滋润洁净"字样，并为这些文字增加外发光及投影图层样式。保存最终结果"洗发水广告 . psd"和"洗发水广告 . jpg"，效果如图 7 - 4 所示。

图 7 - 4   洗发水广告最终效果图

2. 九阳料理机动态广告制作。

（1）在 Photoshop 中新建 468 ∗ 60 像素、分辨率为 72 像素/英寸、内容为白色的 RGB 画布，画布命名为 "banner"。设置前景色为# 76bb24，背景色为# c0dd8e，按下 Shift 键用前景到背景色的从上到下线性渐变填充背景图层。复制背景图层，用编辑/变换/垂直翻转命令翻转背景副本图层。

（2）打开图片 "九阳 1. jpg"，用魔棒工具选中图中白色部分，用选择/反向命令选中图中的产品主体，分别用 Ctrl + C 与 Ctrl + V 快捷键把主体复制粘贴出来，得到图层 1，抠取产品如图 7 –5 所示。

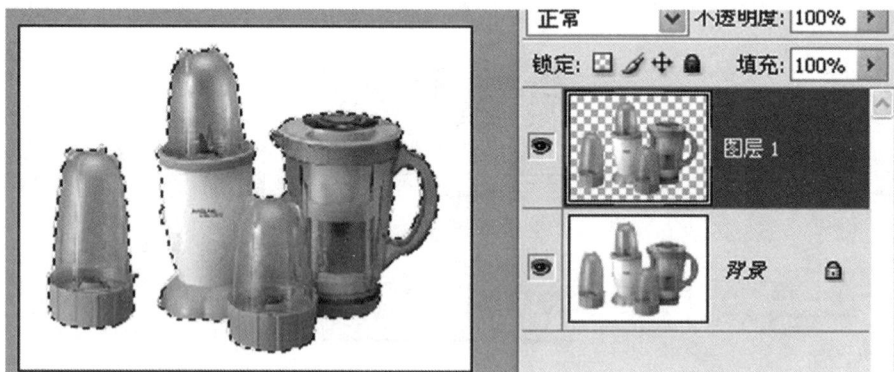

图 7 - 5   抠取产品

（3）执行图像/图像大小命令，在 "约束比例" 的情况下将高改为 60 像素，把图层 1 的图像移到 banner 画布中，移动图像到合适位置。打开 "九阳 2. psd"，把图像移到 banner 画布中，改变图像的大小及位置。

（4）输入 "九阳自动多功能料理机" 字样并为该文字图层增加 "投影" 效果的样式。同样以此方法制作 "使用方便 功能齐全" 字样的文字图层。隐藏从上到下的第 1、3、5

三个图层，此时显示的是总数为2帧的动画图像的第1帧，如图7-6所示。

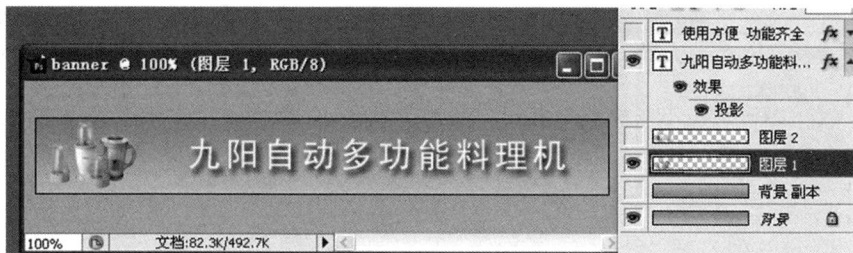

图7-6　第1帧动画显示情况

（5）执行窗口/动画命令，打开动画调板，按动画调板右下角的"convert to frame animation"（转换为帧动画）按钮把窗口转换为帧动画样式。新建第2帧，设置第2帧显示的图层为从上到下的第2、4、6三个图层，设置每帧的出现时间为1秒，循环方式为"永远"。用文件/存储为Web所用格式命令保存图片，图片命名为"banner.gif"。

四、能力训练

1. "五一"节假日期间，骆驼官方商城的一款鞋子将以5折进行促销，请为这款鞋子设计并制作网络营销广告，图片的宽高为500 * 500像素，可参考骆驼西装的广告制作，结果保存为"鞋子广告.jpg"，如图7-7所示。

图7-7　鞋子素材及西装广告样图

2. 中国联通成立于1994年7月19日，为了纪念公司成立20周年，中国联通决定在2014年7月对所有充值的用户给予充话费100元送20元的优惠，参照"九阳料理机动态广告制作"为联通设计宽高为685 * 165像素的动态网络营销广告，要求广告中至少反映出"庆祝公司成立20周年""活动时间""充话费100元送20元"三大部分的内容，效果图将放置在网页红框的范围内，广告位置示意如图7-8所示，结果保存为"充100送20.gif"。

图7-8　广告位置示意图

任务2　网络广告发布

情景案例

可口可乐昵称瓶

2013年5月，有不少KOL（Key Opinion Leader，即在微博上有话语权的人）在社交媒体上展示了可口可乐赠送的定制版昵称瓶，这些昵称瓶在每瓶可口可乐瓶子上都写着"分享这瓶可口可乐，与你的_____"。这些昵称有白富美、天然呆、高富帅、邻家女孩、大咖、纯爷们、有为青年、文艺青年、小萝莉等。这种昵称瓶迎合了中国的网络文化，广大网民喜闻乐见，于是几乎所有喜欢可口可乐的人都开始寻找专属于自己的可乐。可口可乐的官方发布了其中22款"昵称瓶"的图片，宣告这一波声势浩大的社会化营销正式铺展开来。

随后，可口可乐又与新浪微博联手，在其官方微博上开始试用微钱包进行其昵称瓶（定制版）的营销推广，300瓶可口可乐在1分钟内被迅速抢光。此外，可口可乐还和社交应用"啪啪"进行合作，以声音加图片的形式打造了一场名为"昵称瓶之恋"的主题活动。

案例分析：大胆的尝试及与社交媒体的强强联合，让可口可乐在2013年的夏天占尽风头，其行动实践着可口可乐品牌分享快乐的精神，使品牌实现了立体式传播。广告发布的平台选择与策略制定，是网络营销里的大学问。

一、任务目的

将制作出来的广告在邮箱、微信和论坛中发布，掌握网络营销广告发布的方法。

二、任务要求

1. 利用邮箱，通过群发邮件，将"骆驼服装广告"发给你能联系到的人，对你的网络营销活动进行宣传。

2. 在微信中将"飘柔洗发水广告"发布到朋友圈中。

3. 在论坛中发布"拳王插座"的相关信息作为广告。

三、任务实施

1. 在 QQ 邮箱中群发广告。

（1）通过普通邮件群发广告：进入 QQ 邮箱后按写信按钮，在通讯录中点击多个你想发广告的对象，把这些对象的邮箱地址添加到收件人中。在主题栏中输入"骆驼服装4月份4折促销噢，亲们快来看看！"，按"添加附件"按钮将"骆驼服装 4 折促销 .jpg"图片上传到邮件中，在正文部分编辑好宣传语，将宣传语的重点字句通过"文字格式"设置得突出一些，按"图片"按钮将广告图片"骆驼服装 4 折促销 .jpg"也添加到正文里面。最后按"发送"按钮发送邮件。邮件的整体情况如图 7 - 9 所示。

图 7 - 9　普通邮件群发示意图

（2）通过群邮件群发广告：进入 QQ 邮箱后按写信按钮，选择"群邮件"选项，在网页右侧的"QQ 群"中选择已经开通群邮件的 QQ 群，本案以"外贸教工生活群"为例。按"添加附件"，将广告图片上传到邮件中，在正文部分编辑好宣传标语，将宣传标语的重点部分通过"文字格式"设置得突出一些，按"图片"按钮将广告图片也放到正文里面来。最后按"发送"按钮发送邮件。邮件的整体情况如图 7 - 10 所示。

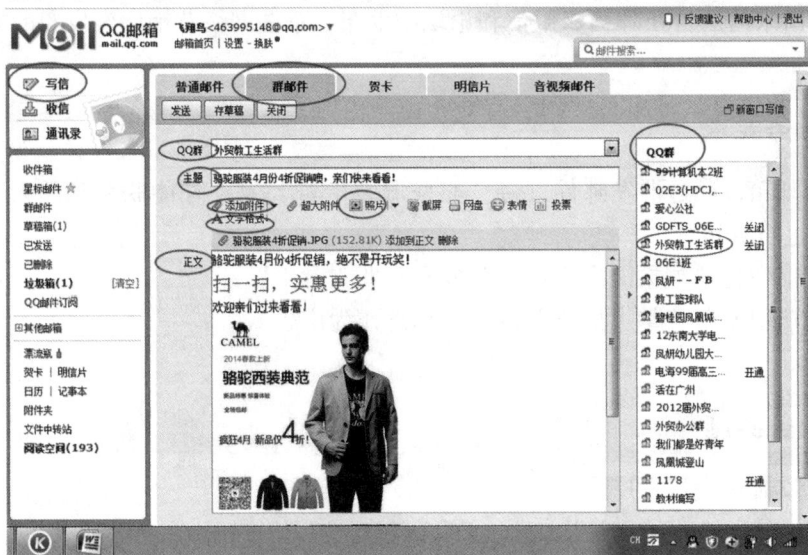

图 7 - 10　群发邮件示意图

2. 在微信朋友圈中发布广告。

（1）用手机将商品拍下来后，打开微信，点击"发现"，接着在发现中点击"朋友圈"，然后点击窗口右上角的相机图标，如图 7 - 11 所示。

图 7 - 11　微信发布广告过程（一）

（2）选择"从手机相册选择"，选好合适的商品图片并编辑商品广告相关信息，然后按"发送"按钮，这样商品广告便可在微信中发布了，如图 7 - 12 所示。

图 7 - 12 微信发布广告过程（二）

（3）微信中商品广告的效果如图 7 - 13 所示。在微信中发布商品广告比较简单，但要成功把商品销售出去，关键在于扩大朋友圈，用心寻找客户，用真诚取得客户的信任并想办法留住客户。

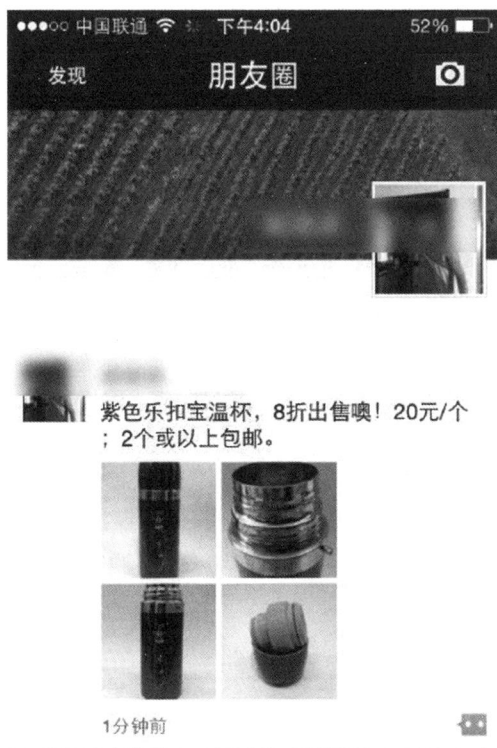

图 7 - 13 微信广告效果图

3. 在论坛中发布广告。

（1）准备工作：

①找 2~3 个人气高、淘宝客户常逛的论坛，如图 7 - 14 所示的高人气论坛，注册好账号，在论坛各版块多发帖、回帖，以提高账号的等级积分。

易购网上购物论坛 http://bbs.egou.com/

中国购物论坛 http://www.zgbuy.net/

快钱社区 http://club.99bill.com/

特价王论坛 http://bbs.tejiawang.com/

7788 购物论坛 http://www.7788gw.com/

图 7 - 14 淘宝客户高人气论坛

②已经在个人淘宝商铺中发布的宝贝信息及图片准备好，以"拳王插座"商品为例，如图 7 - 15 所示。

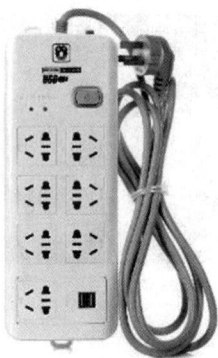

图 7 - 15 "拳王插座"商品图片

（2）论坛推广：

①打开论坛网站，找到热门版块，点击发帖。以易购论坛为例，如图 7 - 16 所示。

图 7 - 16   易购论坛好货推荐版块

②选择主题分类，输入标题，如图 7 - 17 所示。

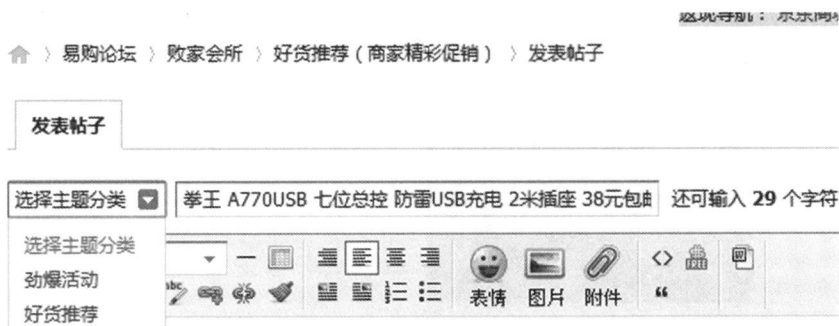

图 7 - 17   编辑主题

③输入产品信息，插入图片，如图 7 - 18 所示。

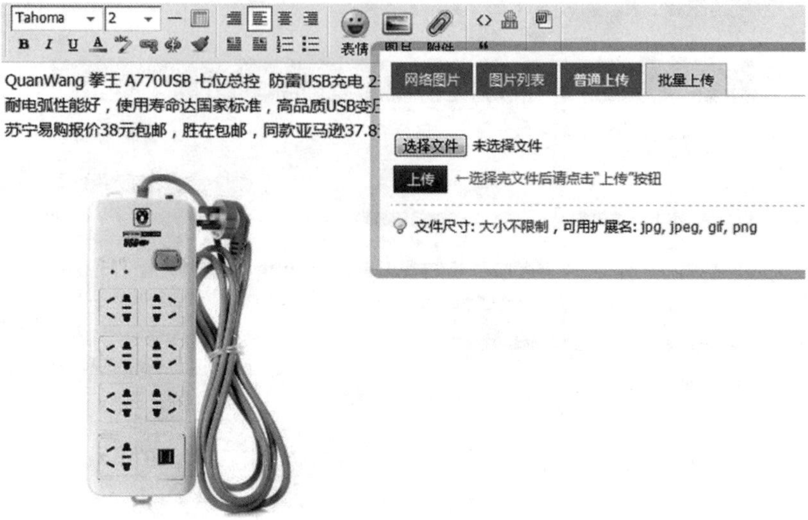

图 7 – 18　编辑帖子内容

④将部分重要信息的字体加粗、加红以突出显示，选择图片并给图片添加超链接，如图7 – 19 所示。

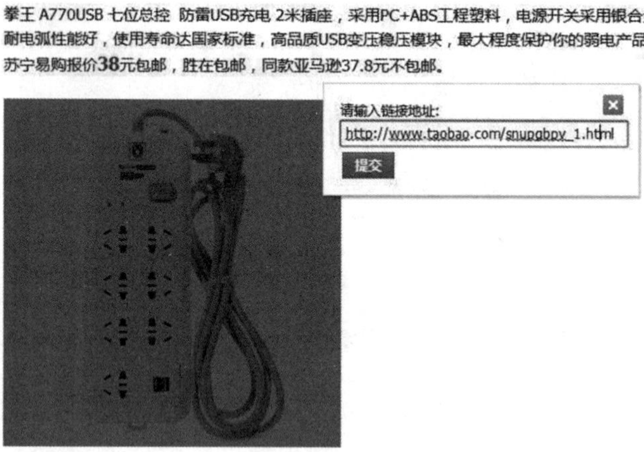

图 7 – 19　图片超链接

⑤在帖子的最后可增加其他广告链接，如图 7 – 20 所示。

链接地址：http://www.suning.com/emall/snupgbpv_10052_10051_15508946_112013_.html

点击这里，更多超值爆料

图 7 – 20　其他广告链接

⑥帖子发表成功后，效果如图 7 - 21 所示。

[好货推荐] QuanWang 拳王 A770USB 七位总控 防雷USB充电 2米插座 38元包邮 [复制链接]

发表于 2014-3-30 12:26:40 | 只看该作者 | 倒序浏览

QuanWang 拳王 A770USB 七位总控 防雷USB充电 2米插座，采用PC+ABS工程塑料，电源开关采用银合金触点

苏宁易购报价38元包邮，胜在包邮，同款亚马逊37.8元不包邮。

链接地址：http://www.suning.com/emall/snupgbpv_10052_10051_15508946_112013_.html

点击这里，更多超值爆料

图 7 - 21 帖子效果

四、能力训练

1. 在 QQ 个性签名、QQ 日志及 QQ 说说等所能使用的资源中将家商城——中国第一家国内高品质家居用品的购物网站的网址 http：∥www. gqt168. com 发布出去。将你所做的东西截图存在 Word 文档"使用 QQ 做广告 . doc"中。

2. "百度推广"是一种很受欢迎的网络营销方式，请在网络中搜索出百度推广的相关介绍，并将介绍整理成文档保存在 Word 文档"百度推广介绍 . doc"中。

【知识链接】

一、网络广告的主要表现形式

目前对网络广告有多种分类方法，根据美国网络广告署（IAB：Internet Advertising Bureau）的分类，网络广告可分为：

1. 企业站点/主页（Website Homepage）。

2. 按钮广告（Button）。

3. 横幅广告/旗帜广告（Banner）。

4. 插播式广告（Interstitials）。

（1）弹出式广告。

（2）弹入式广告。

（3）过渡式插入广告。

（4）智能插播式广告。

5. 分类广告（Classifies & Listings）。

6. 电子邮件广告（E-mail）。

7. 关键词广告（Key Words Ads）。

8. 文字链接广告（Text Link）。

9. 浮动广告（Floating Icon）。

10. 赞助式广告（Sponsorship）。

11. 其他，如互动游戏式广告、画中画广告等。

弹出式广告

二、网络广告的特点

1. 网络广告的优势：

（1）互动性和纵深性。

（2）传播广、针对性强。

（3）可重复性和可检索性。

（4）采用多媒体技术。

（5）可跟踪性和可衡量性。

（6）实时性和更改灵活。

2. 网络广告的缺陷：

（1）网民数量相对较少。

（2）网民对网络广告的不满增加。

（3）广告位置有限。

3. 网络广告与传统广告的对比：

媒体	媒体属性					
	覆盖面	时效性	互动性	灵活性	表达方式	感染力
网络	广	实时	高	高	互动多媒体	高
报纸	广	实时	低	低	图文	高

（续上表）

媒体	媒体属性					
	覆盖面	时效性	互动性	灵活性	表达方式	感染力
杂志	一般	滞后	低	低	图文	低
广播	广	实时	中	中	声音	中
电视	广	实时	中	中	图文音像	高

三、网络广告发布的途径

企业通过 Internet 发布广告一般有以下几种方式，企业可以根据自身的需求，从中选择一种或几种方式。

1. 主页形式。

在互联网上做广告，最重要的是要设立公司自己的主页。主页形式是公司在 Internet 进行广告宣传的主要形式。按照互联网广告的发展趋势，一个公司的主页地址是独有的，是公司的标识，也是公司的无形资产。

2. 网络内容服务商（ICP）

由于 ICP 提供了大量的互联网用户所需要的、感兴趣的、免费的信息服务，网站的访问量非常大，成为网上最引人关注的站点。在这些网站上发布的网络广告的主要形式是旗帜广告。

3. 专类销售网。

这是一种专类产品直接在 Internet 上进行销售的方式。

4. 免费的互联网服务。

在互联网上有许多免费的服务，如 E-mail 服务，很多用户都喜欢使用。免费的 Internet 服务能帮助公司将广告主动送至使用该 E-mail 服务，又想查询此方面内容的用户手中。

5. 黄页形式。

在 Internet 上有一些专门用来查询检索服务的网络服务商的站点，如 Yahoo!、Infoseek、Excite 等。这些站点就如同电话黄页一样，按类别划分便于用户进行站点的查询。在其页面上，都会留出一定的位置给企业做广告。在这些页面上做广告的好处有以下两点：一是针对性好，在查询的过程中都是以关键字来区分的，所以广告的针对性较好；二是醒目，处于页面的明显处，很容易被正在查询相关问题的用户注意到，成为用户浏览的首选。

6. 企业名录。

一些 Internet 服务提供者（ISP）或政府机构会将一些企业信息融入他们的主页中。

7. 网上报纸或杂志。

随着计算机的普及与网络的发展，网上报纸与杂志将如今天的报纸与杂志一样，成为人们必不可少的生活伴侣。对于注重广告宣传的公司，在这些网上杂志或报纸上做广告也是一个很好的传播渠道。

8. 虚拟社区和公告栏。

虚拟社区和公告栏是网上比较流行的交流沟通渠道。任何用户只要遵循一定规范就可以加入。任何成员都可以在上面发表自己的观点和看法，因此在这种平台上发表与公司产品相关的评论和建议，可以起到非常好的口碑宣传作用。这种方式的好处是宣传是免费的，但要注意遵循网络规范，否则会适得其反。

9. 新闻组。

新闻组是一种很好的讨论与分享信息的方式。对一个公司来说，选择在与本公司产品相关的新闻组上发表自己的广告将是一种非常有效的传播信息的渠道。与BBS一样，新闻组发布信息也是免费的，同样也要遵守相应的网络规范。

【思考与训练】

一、选择题

1. 产品生命周期始于研究与开发环节，从进入市场到退出市场，一般分四个阶段。以下哪个顺序是正确的（　　）？

A. 成长期、介绍期、成熟期、衰退期　　B. 衰退期、介绍期、成熟期、成长期

C. 衰退期、成长期、介绍期、成熟期　　D. 介绍期、成长期、成熟期、衰退期

2. 下面哪种广告发布方式不属于网络营销广告（　　）？

A. 在街头派发打印出来的商品广告

B. 在网络游戏中插入的商品广告

C. 在"百度知道"中回答别人的问题的同时留下自己网店的网址

D. 在淘宝首页中投放的商品广告

3. 与传统营销相比，网络营销具有其特有特征，下面不属于网络营销特征的是（　　）。

A. 针对性　　　　　B. 个性化　　　　C. 主动性　　　　D. 交互性

4. 建立一个虚拟的商店，在网上展示商品，进行网上的促销活动，该类网站称为（　　）。

A. 销售服务性站点　　　　　　　　B. 信息手册性站点

C. 娱乐驱动性站点　　　　　　　　D. 在线销售性站点

5. 通常网络广告是以（　　）嵌在网页中，用以表现广告内容。

A. 图像文件　　　B. 数字文件　　　C. 文字文件　　　D. WEB

6. （　　）不是旗帜广告的制作技巧。

A. 增加旗帜广告的吸引力

B. 选用多媒体形式

C. 选择最佳的位置

D. 在广告上加上"Click"或"请点击"字样

7. 网络营销广告效果的最直接评价标准是（　　　）。

A. 显示次数　　　　B. 浏览时间　　　　C. 点击率　　　　D. A 和 C

8. 下面关于旗帜广告的发布论述中，不正确的是（　　　）。

A. 旗帜广告的发布要注意页面的选择，First View 是最受青睐的页面位置

B. 即使是一个很好的旗帜广告，也要经常更换图片，不然会使点击率下降

C. 具有一点知名度的站点，通常会与其他站点直接交换旗帜广告，以更扩大其站点的影响力

D. 小型站点或个人主页通常以广告联盟组织为中介，在广告联盟内的组织成员中进行旗帜广告交换

9. 网上商店能每周 7 天，每天 24 小时随时随地地提供全球性营销服务，这是由于网络营销具有（　　　）特点。

A. 超前性　　　　B. 拟人性　　　　C. 跨时空性　　　　D. 整合性

10. Logo 广告形式也称为（　　　）。

A. 图标广告　　　　B. 移动广告　　　　C. 旗帜广告　　　　D. 按钮型广告

二、判断题

1. 进行电子邮件营销的企业应建立有效的邮件列表。　　　　　　　　　　（　　　）
2. 只有企业自己建立网站平台进行商务活动，才能拥有自己的网络商店。　（　　　）
3. 浮动广告妨碍浏览者的阅读，影响浏览者的阅读兴趣。　　　　　　　　（　　　）
4. 弹出式问卷调查是指网民在访问网站过程中，自动弹出网络调查窗口。　（　　　）
5. 网络消费不能满足个性化需求。　　　　　　　　　　　　　　　　　　（　　　）
6. 网络营销渠道具有交互性的特点。　　　　　　　　　　　　　　　　　（　　　）
7. 网络调研费用比传统市场调研费用高很多。　　　　　　　　　　　　　（　　　）
8. 投放旗帜广告的首选站点是导航台。　　　　　　　　　　　　　　　　（　　　）
9. 品牌是一种信誉，传统的优势名牌一定是网上的优势名牌。　　　　　　（　　　）
10. 网络广告与传统广告最大的不同就在于网络广告是双向的沟通。　　　（　　　）

三、简答题

1. 发布网络广告的途径主要有哪些？
2. 在淘宝网上购买商品，你需要做哪些工作？
3. 通过互联网进行商品交易比传统方式成本更低的原因是什么？

四、案例分析

青岛啤酒啦啦队选拔

青岛啤酒作为 CBA 的赞助商，经常借助 CBA 这一国内篮球顶级赛事获得强大的曝光。2013 年 1 月至 4 月，青岛啤酒联合搜狐网策划一起网络营销活动——借助 CBA 全明星赛大力宣传青岛啤酒的品牌。具体做法就是在 CBA 全明星首发票选活动中，加入啦啦队评

选，并把活动分享到 SNS（Social Networking Services，即社会性网络服务，如新浪微博等）平台。

策划目标：①借势传播，通过 CBA 项目赢得品牌曝光；②吸引网友参与线上互动，票选 CBA 全明星阵容，并选择啦啦队为其助威；③不仅使网友观看了比赛，更亲身参与到活动本身中来。

执行过程：网友可以参与的线上活动为：①选择 10 名首发球员；②选择 2 支啦啦队；③登录 SNS 账号并分享活动内容。

执行效果：活动经过 17 天，累计 300 多万人参与了投票，微博转发量约为 18 万，日均转发量为 10 480 人次。从执行的效果看，这次活动取得了巨大的成功，达到了预期的活动目标。

1. 这一案例中宣传的是品牌还是商品？宣传品牌对具体商品的销售是否有促进作用？

2. 本次网络营销利用的热点事件是什么？

3. 你认为本案例主要的营销对象为哪些人？本案例能够成功有哪些原因？

项目八　网站客户服务

【学习任务】

1. 了解网站客服的岗位要求。
2. 掌握客服售前、售中、售后的沟通方法与技巧。

【学习目标】

1. 了解网站客服在企业的职业岗位，以及相应的能力要求。
2. 熟悉网店客服的基本职能，以及应具备的知识能力和沟通技巧。

任务1　客服岗位要求

情景案例

小客服也能赚高薪　网店金牌客服月入两万

据《信息时报》报道，伴随着网店数量的急剧膨胀，网店客服已成为网络营销中的关键一环。这个看似技术含量不高的职业，也日趋专业化，一些牛人客服甚至月收入过万。

2008年2月，小黄从家乡福建泉州来到广州，在一家男鞋网店做客服，每天的工作就是对着电脑手指飞舞，而她的平均月收入有七八千元，高峰时甚至过万。

每天上午9点，小黄准时在电脑前开始忙碌的工作。早上10点到中午，是顾客购物的小高峰，聊天框接二连三地在电脑上弹出，小黄往往要同时面对四五十个对话框。这时小黄的神经一直紧绷着，但还是有顾客因为等太久没有回复而发脾气，不断催促。安抚顾客是小黄的强项，才24岁的她在网上聊天时俨然是一个知心姐姐。根据顾客的语气、打字的快慢，她就可以揣测出对方的心情和性格。小黄一天就能成功卖出约200双鞋子，每卖出一双她大概有2元的提成。

"小客服也能赚高薪。"淘宝第一网店柠檬绿茶的总裁助理牛志辉也告诉记者，他们网店的金牌客服一个月收入超过两万元。

在淘宝的招聘论坛上，招聘网店客服对于性别、年龄、学历一般没有特别要求，只要打字速度在每分钟60字左右，对网店有一定了解即可。"只要是会网上聊天的人都可以尝试加入我们的团队。"被誉为淘宝最牛男鞋网店的老板尹志强认为，"网店客服是电子商务行业的基本职业，学历只要是中专以上就可以了。对于个人形象、年龄等也没有太大要求。一般入职后有一到三个月的试用期"。

做过网店客服的小海说，在小网店里一般只有一个客服，从接受咨询到发货、出货都是一个人包办。而在大网店和网上商城，客服人员已有细化分工。

随着电子商务的发展，网上销售将成为一条流水线。导购、解决客服纠纷、售后服务、修改价格等都会有专人客服。网店客服有巨大的发展空间，将会创造出几十万个岗位，并在两三年内发展成熟。

网店客服的工资一般是底薪加提成，提成根据业绩而定。目前客服的最低工资为每月1 000到1 400元左右，八成网店客服每月工资在两千左右，而少数金牌客服的工资能过万。

一、任务目的

本任务通过登录电子商务人才招聘网站（电商之家 http://www.ecjobhome.com/），搜索"客服"岗位，了解与网店客服相关的职业岗位需求及职业技能，并进行总结。

二、任务要求

1. 登录招聘网站（如电子商务人才招聘网站电商之家 http://www.ecjobhome.com/），搜索"客服"岗位，找到与网店客服相关的职位要求。
2. 网店客服的含义及网店客服的内容有哪些，阐述对网店客服的看法（可分小组讨论）。
3. 最终结果填入表8-1。

表8-1　登录网店客服的相关内容

网店客服的含义	网店客服的内容	网店客服的种类	网店客服的作用	小组对网店客服的看法

三、任务实施

搜索网店客服的职业岗位。

（1）登录电子商务人才招聘网站电商之家 http://www.ecjobhome.com/招聘首页，如图 8-1 所示。

图 8-1 电商之家招聘首页

（2）在搜索框处输入"客服"，单击"搜索"，如图 8-2 所示。在工作地区框中选择"广州"，如图 8-3 所示。

图 8-2 职位搜索（一）

图 8 - 3　职位搜索（二）

（3）显示搜索结果，如图 8 - 4 所示。

图 8 - 4　职位搜索结果

（4）单击职位名称可显示该职位的详细信息，如图 8 - 5 所示。

图 8 - 5　职位描述

四、能力训练

熟悉网店客服的岗位要求。

1. 登录招聘网站（电商之家 http://www.ecjobhome.com/），搜索"客服"，工作地区选择"广州"，进入招聘网查看岗位职位描述的职责和要求，完成表8-2的填写。

2. 在互联网上找去年和今年的网店客服招聘信息各一则，对比网店客服的岗位要求有哪些变化。点击职位列表页面的最后一页，可以找到去年的招聘信息，完成表8-3的填写。

表8-2　最新客服招聘信息对比表

招聘条目（招聘企业名称）			
岗位职责			
岗位要求			

表8-3　去年和今年的网店客服招聘信息对比表

	去年		今年	
招聘条目（招聘企业名称）				
岗位职责				
岗位要求				

根据以上两个表格的内容，总结并归纳网店客服的一般岗位要求和基本能力。

任务 2 客服沟通技巧

情景案例

高明客服如风水先生，不见面也能猜出买家样子

　　金牌客服沙沙可以通过网上聊天来判断买家的性格和心理。有一次，一个女生咨询一双男鞋的款式布料，沙沙立刻想到这位小姐是给男朋友买鞋子的。"要什么码数的呢?""39 码的。"这时沙沙其实已通过码数知道了她男朋友的大致身高，从而也知道了她男朋友应该是比较瘦的。通过这个女生网上聊天的语气，沙沙还知道她是开朗和喜欢做主的女生。根据"互补原则"，她男朋友应该是比较听女朋友管教的。

　　"我猜你男朋友是戴眼镜的?""你怎么知道的呢?"这个女生还给沙沙发了一张照片，里面有五个同样穿着伴娘服的年龄相仿的女生，让沙沙猜哪一个是她。沙沙想，这个开朗、喜欢做主的女生应该是站在显眼位置而且穿着时尚、惹人注意的，于是立即猜出了谁是这个女孩。这么一来，这个女孩便觉得她和沙沙"太有缘分"了，彼此间的距离一下子拉近了很多。后来，沙沙不仅成功让这个女生买了双男鞋给她男朋友，还另外买了一件女装。

一、任务目的

通过在淘宝网店的购物体验，理解网店客服的售前、售中、售后技巧。

二、任务要求

1. 安装淘宝旺旺，申请旺旺账户，通过旺旺账户登录淘宝网站 http://www.taobao.com。

2. 登录淘宝网站（http://www.taobao.com），查找一种喜欢的商品，通过旺旺与网店的客服进行沟通。通过沟通，了解网店客服的售前、售中、售后技巧。

三、任务实施

1. 在淘宝上找一件商品，了解企业的网店客服的职业技能。

2. 登录淘宝网站（http://www.taobao.com），如图 8 - 6 所示。选择一种商品（如手机），进入手机页面，如图 8 - 7 所示。

图 8 - 6　淘宝网首页

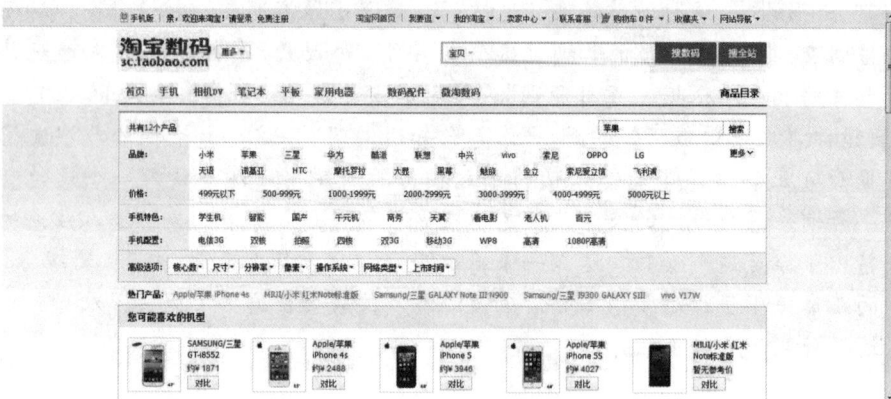

图 8 - 7　淘宝数码店

3. 在淘宝数码店中选择自己喜欢的手机，如 Apple/苹果 iPhone 5S，如图 8 - 8 所示。

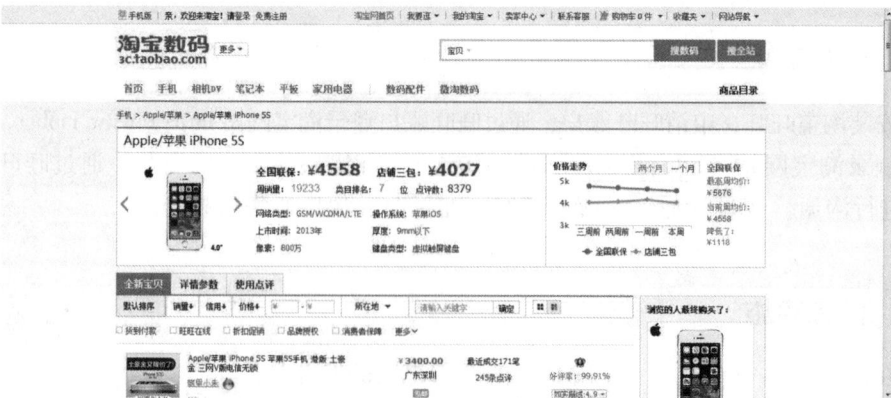

图 8 - 8　苹果 iPhone 5S 页面

4. 选择一款手机，如图 8 -9 所示。鼠标移至右边的客服按钮，出现如图 8 - 10 所示，可以进行售前客服、售后解答、和我联系、给我留言等服务。

图 8 - 9　商品页面

图 8 - 10　客服方式

四、能力训练

在淘宝上找一件商品，把自己模拟成买家通过旺旺与网店客服对话，训练网店客服的的职业技能。

(一) 网店客服沟通技巧实践

1. 作为初次光临的买家，第一次咨询通常是："你好，在吗？"

客服的回答是：_____

2. 产品质量问题。比如："该产品质量好吗？"

客服的回答是：_____

3. 产品定价后，大部分买家还是会跟客服商讨价格问题。比如："价格还能再便宜点儿吗？"

客服的回答是：_____

4. 关于运输、运费方面的问题大致有以下三点：

(1) 买家："快递到××地方要多少钱？"

客服的回答是：_____

(2) 买家："能发××快递吗？"

客服的回答是：_____

(3) 买家："我在××，3 天能到吗？"

客服的回答是：_____

5. 售后服务和购物保障沟通。"如果对买到的东西不满意，或者不喜欢可以退吗？"

客服的回答是：_____

（二）客服售中沟通实战术语训练（仅供参考，不同的类目具体术语不同）

1. 欢迎术语。

（1）您好亲，欢迎光临×××店，我是客服××，很高兴为您服务。

（2）您好，在的亲，请问有什么为您效劳的？您刚才说的商品有货的，我们店现在在做活动，满××元优惠××元哦！

2. 产品介绍术语。

（1）您好亲，方不方便说一下您的身高、体重及年龄，这样我们可向您推荐适合的款式和码数。

（2）您好亲，我们的产品都是100%实物拍摄的，但是由于光线及显示器等因素的影响，可能会与实物稍有差别，但是请您放心，我们已经尽量将色差控制到最小，也请您谅解。

3. 缺货术语。

（1）很抱歉亲，刚为您查询，您要的这一款我们暂时缺货了，您看别的款式可以吗？××款我们也卖得很好的哦！我给您发个链接吧！

（2）亲，不好意思，这个款现在工厂正在赶工，具体到货时间我们还没有办法确定，真的很抱歉，您看一下其他的款，我们还有很多款式适合您的。

4. 议价术语。

5. 有偿减价。

不好意思亲，我们都是以最低价销售了，利润真的很低，要不您收藏一下我们的店铺，我们可以送您5元优惠券，您这一单就可以使用，您看可以吗？

6. 赠品减价。

亲，您看在我们店里买一件衣服，可以送一双纯棉袜子，袜子原价是10元的，您看要不要一起拍下？

7. 踢球减价。

（1）亲，您真的让我很为难哦，我们所有的客户都是这个价格的，这样吧！我请示一下店长，看能不能给您优惠一点，我就说您是开实体店的大客户来买个样品，您稍等我两分钟。

（2）遇上实在难缠的客户，你又想做他的生意，不妨使用踢球减价法，目的在于让客户感觉你在为他努力争取价格，但是你要多少给他一点优惠才行。

8. 支付术语。

（1）您好亲，已经为您修改好价格了，请您刷新一下页面，方便时付款就可以了，感谢您对我们的支持。

（2）您好亲，很高兴看到您购买我们的宝贝，价格已经为您改好了，您在方便时付款就可以了，收到您的付款后我们会尽快为您安排发货的。

（3）您好亲，已经看到您支付成功了。我们会尽快给您发货的，感谢您购买我们的宝贝，有什么需要随时找我哦，我是客服××。

9. 发货术语。

（1）您好亲，我们是默认××快递的，您那里能收到××快递吗？

（2）您好亲，我是客服××，很高兴为您服务，请问要发货到哪个城市？

（3）您好亲，如果您急用的话，我们建议您采用××快递，但需要补×元的邮费差价。

（4）您好亲，由于您是新疆地区的，快递路程较远，邮费也贵，快递公司对新疆地区加收了快递费用，所以您需要补×元邮费差价哦。

【知识链接】

一、网店客服概述

网店客服是网店的一种服务形式，即通过网络，给客户提供解答和售后等服务的人员。目前网店客服主要活跃于淘宝网、拍拍网、易趣网、有啊网等网购系统。比如淘宝网，网店客服就是阿里软件提供给淘宝掌柜的在线客户服务系统，旨在让淘宝掌柜更高效地管理网店、及时把握商机消息，从容应对繁忙的生意。

（一）客服的主要内容

1. 答疑解惑。主要是客户会有很多不同类型的问题，如产品材质、发货速度、物流运费、订购说明等，需要客服极为耐心地解答。

2. 讨价还价。这是客户最喜欢做的事。哪怕砍价低了 1 块钱，都会觉得很有成就感。

3. 提升销量。销售是一种艺术。客服除了要通过耐心的解答、智慧的回复之外，还需要具备当一个客户进来只想买 10 块钱的东西时，最后却能够让他付了 100 块钱还心满意足地离开的能力。这就是销售的境界了。

4. 情感维系。要想让一个客户成为你的老顾客，跟他做朋友是最好的选择。在某些特殊的日子，或者促销前夕，用最适合的方式提前跟他说一声，打个招呼，或者给点优惠，这是一种情感的延续。这种情感，蕴含在商业关系里，将是无比巨大的财富。

5. 问题处理。做客服，经常会遇到各种突发事件，如老顾客投诉，大单买家要急货，客户蛮不讲理。如何处理好这些事件，让客户转怒为喜是客服必需的责任。

（二）网店客服的种类

1. 通过旺旺、电话解答买家问题的客服。

2. 导购客服，专门帮助买家更好地挑选商品。

3. 投诉客服，专门处理客户的投诉。

4. 推广客服，专门负责网店的营销与推广。

5. 专门帮店主打包的客服等。

二、网店客服沟通技巧

由于看不到实物，所以网购给人感觉就比较虚幻。为了促成交易，客服必将扮演重要的角色，因此客服对沟通、交谈技巧的运用对促成订单起着至关重要的作用。

1. 态度方面。

（1）树立端正、积极的态度。

树立端正、积极的态度对网店客服来说尤为重要。尤其是已经售出的商品，无论是由哪一方的原因出现问题，都应及时解决，决不能回避、推脱。要积极主动地与客户进行沟通，让顾客觉得他是受尊重、受重视的，并尽快提出解决办法，让顾客感觉到购物的满足和乐趣。

（2）要有足够的耐心与热情。

我们常会碰到一些喜欢"打破砂锅问到底"的顾客，这时我们需要有足够的耐心和热情，就算对方不买也要说声"欢迎下次光临"。只要你的服务够好，这次不成也许下次就成功了。

2. 表情方面。

微笑是对顾客最好的欢迎，网上与客户交流虽然看不见对方，但只要你微笑了，在言语之间还是可以感受到的。此外，多用些旺旺表情，也能收到很好的效果。比如说"欢迎光临""感谢您的惠顾"等的时候，都应该送上一个微笑，不要让冰冷的文字遮住你迷人的微笑。

3. 礼貌方面。

一句"欢迎光临"，一句"谢谢惠顾"，虽然只有短短的几个字，却能够让顾客听起来非常舒服，十分亲切。并且可以先培养一下与顾客的感情，这样顾客的心理抵抗力才会减弱或者消失。

4. 语言文字方面。

（1）少用"我"字，多使用"您"或者"咱们"这样的字眼，让顾客感觉你在全心全意为他（她）考虑。

（2）常用规范用语。

①"请"是一个非常重要的礼貌用语。

②"欢迎光临""认识您很高兴""希望您在这里能找到满意的DD"。

③"您好""请问""麻烦""请稍等""不好意思""非常抱歉""多谢支持"……

（3）尽量避免使用负面语言。

比如说，"我不能""我不会""我不愿意""我不可以"等负面语言，应尽量换成："看看我们能帮你做什么""我们能为你做的是""我很愿意为你做"，告诉客户你能做什么，并且非常愿意帮助他们。

5. 针对性方面。

任何一种沟通技巧，都不是对所有客户一概而论的，针对不同的客户应该采用不同的沟通技巧。

（1）顾客对商品了解程度不同，沟通方式也有所不同。

（2）对价格要求不同的顾客，沟通方式也有所不同。

（3）对商品要求不同的顾客，沟通方式也有所不同。

6. 其他方面。

（1）坚守诚信。

（2）凡事留有余地。

（3）多虚心请教，多倾听顾客的声音。

（4）做个专业卖家，给顾客正确的推介。

（5）如实介绍商品的优点与缺点。

（6）碰到问题多检讨自己，少责怪对方。

（7）表达不同意见时尊重对方的态度。

（8）保持相同的谈话方式。

（9）坚持自己的原则。

【思考与训练】

一、选择题

1. 淘宝平台上交易成功后（　　）天之内，双方均有权对对方交易的情况作一个评价。

A. 30 天　　　　　B. 15 天　　　　　C. 7 天　　　　　D. 8 天

2. 买家申请退货，卖家超过（　　）天未处理，退款协议将生效，交易进入退货流程。

A. 5 天　　　　　B. 10 天　　　　　C. 15 天　　　　　D. 8 天

3. 淘宝网的客户评价是怎么计分的（　　）？

A. 一个好计一分，中评不计分，差评扣一分

B. 一个好计一分，中评扣一分，差评扣二分

C. 一个好计二分，中评扣一分，差评零分

D. 一个好计二分，中评计三分，差评零分

4. 客服人员在遇到客户退换货时应该怎么处理（　　）？

A. 一直跟客户聊天，推荐店铺的宝贝和套餐。

B. 跟客户聊天，告知客户，店铺的相关退换货规则和流程

C. 首先查询客户的订单，是否跟其他的客服交流过，了解客户的退换货原因，再告知客户退换货的相关流程和规则

D. 跟客户交流。告知客户退换货规则及流程，并且向客户推荐店铺的宝贝和套餐

5. 客户始终不肯承担退换货的运费，客服应该如何处理（　　）？

A. 威胁客户让其承担运费

B. 告知客户退换货的相关规则，跟客户协商运费问题

C. 如果客户不承担运费就不给予办理退换货服务操作

D. 让客户以到付的方式寄回

6. 客服的服务宗旨是什么（　　　）？

A. 有客户来问时进行解答，没有客户来问时自顾自做别的事情

B. 高兴的时候什么都可以跟客户说，心情不好的时候客户来了也不搭理

C. 让每位客户感受到热情的服务，满足客户的一切要求

D. 客服只负责回答客户提出的相关问题，其他一概不做

7. 客户购买时如遇到需要修改邮费的情况，客服应该怎么做（如买到包邮产品加不包邮产品）（　　　）？

A. 我不会改邮，您就这么付吧

B. 请稍等，马上为您改好，改好邮费后系统会立刻通知您的

C. 之前不是说了不能免邮费的吗，怎么你这个人出尔反尔

D. 等会儿，我得算下我们给您去掉邮费还赚不赚

8. 以下对淘宝评价体系的观点描述中，不正确的是（　　　）。

A. "好评"加一分，"中评"零分，"差评"扣一分

B. 淘宝评价期间为交易成功后的 15 天

C. 如一方在评价期间内作出"中评"或"差评"，另一方在评价期间内未评的，则系统不给评价方默认评价。如双方在评价期间内均未作出评价，则双方均不发生评价，无评价积分

D. "中评"或者"差评"在评价后 30 天内，评价方有一次自主修改或删除评价的机会，可以选择修改，仅限修改成"好评"，也可以进行删除。评价经修改以后不能被删除或再次修改

9. 客服人员的重要性，以下哪几个是正确的（　　　）？

A. 高效的服务及响应速度

B. 专业的导购和知识服务

C. 敬业的服务态度

D. 随心所欲的态度

10. 关于客户服务中，以下方式哪些是错误的（　　　）？

A. 当客户讲价的时候，立刻说明：本店不议价，议价者拉黑

B. 当客户要求包邮的时候，客服回答：请加××元就可以包邮或购满××元即可包邮哦

C. 当客户要求退换货的时候，客服回答：如无正当理由，恕不退换

D. 当客户收到货后，迟迟不确认也不评价，客服提醒：请及时确认哦！确认后你就可以参加我们店里每月一次的回馈客户的抽奖活动啦

二、判断题

1. 买家通过 QQ 跟你联系，最后用支付宝担保完成交易，纠纷可以用聊天记录做凭证。　　　　　　　　　　　　　　　　　　　　　　　　　　　　　　　　　（　　　）

2. 申请退款的时候不可以申请部分退款，只能是全额退款。（　　）

3. 买家支付宝账户留的地址和在旺旺留下的要你发货的地址不一致，这时不要求买家修改支付宝地址直接发往买家旺旺发来的地址是完全没有不安全性的。（　　）

4. 买家先购买一件并付款，等要给他发货的时候他又拍下另一件，让你一起邮寄但并没及时付款。这样操作没有不安全性，因为他已经付款了其中一件，不怕他耍赖。（　　）

5. 一客户用 A 账号拍下后，用 B 账号过来找客服说，需要核对地址，这样是可以改的。（　　）

6. 客户拍下订单，旺旺联系客服取消订单，客服可以关闭订单。（　　）

三、简答题

1. 当客户问到，你家卖的是正品吗？客服应该如何回答？

2. 如客户问到，价格能再少点吗？能打折吗？客服应该如何回答？

3. 如果遇买家抱怨发货慢时，客服应该如何回答？

4. 当客户索要发票时，客服该怎么办？当发票刚好没有的时候又该如何回复？

项目九 综合实践

【学习任务】

1. 使用网页制作软件，并快速建立一个营销网站。
2. 通过数据分析网络营销效果，从数据中分析出问题和原因，并针对性作营销调整。
3. 体验 1 号店电商实战案例。
4. 外贸微果坊创业实战。

【学习目标】

1. 了解网页中包含的基本元素及 Web 的一些基本术语；学会使用 Dreamweaver 的基本功能、常用菜单，掌握使用模板快速建立网站的方法。
2. 了解网络营销结果的分析方法，并针对目前的营销结果改进营销方式。
3. 进行 1 号店广东站中职生电商实战案例。
4. 进行中职学生创业实战案例。

任务 1 简单营销网站的建立

情景案例

"家商城"网站

下边我们将以"家商城"网站为例，简要分析一个电子商务营销网站的构成，了解建立一个网站需要准备的工作。首先，我们在浏览器地址栏输入"家商城"网址 www. gqt168. com，然后点击回车键进入网站主页。

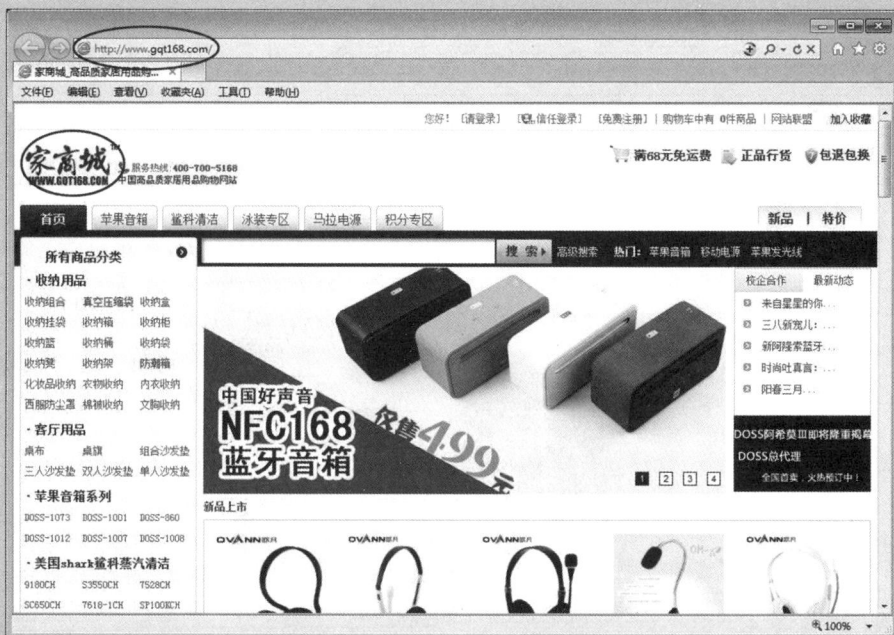

在网站主页的上方，有"家商城"的店标，左边是导航栏，下面是版权信息，中间是主要内容。版面清晰，主题突出。店内产品整齐有序，点击站内的商品链接，能利用美化过的商品图片正确展示商品的信息及购买链接。

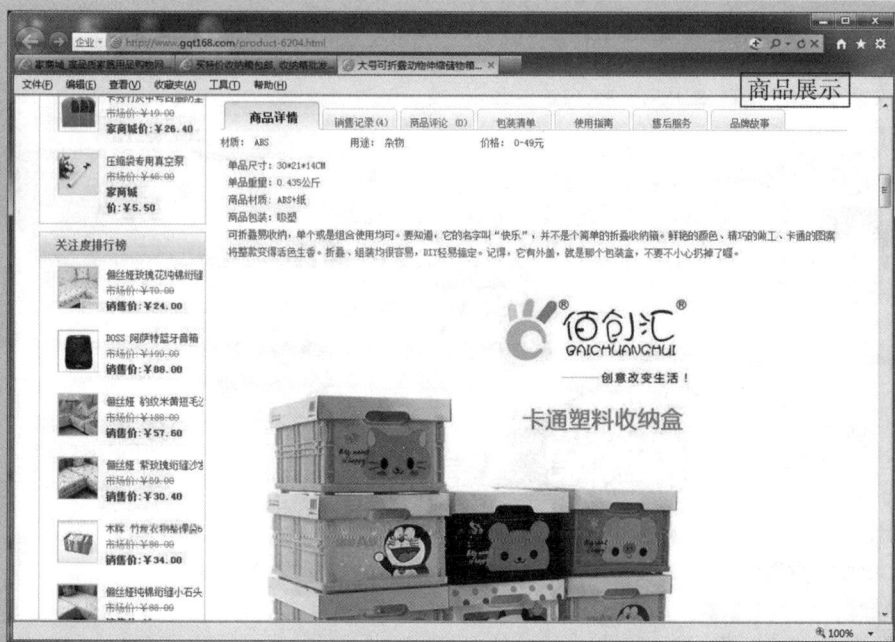

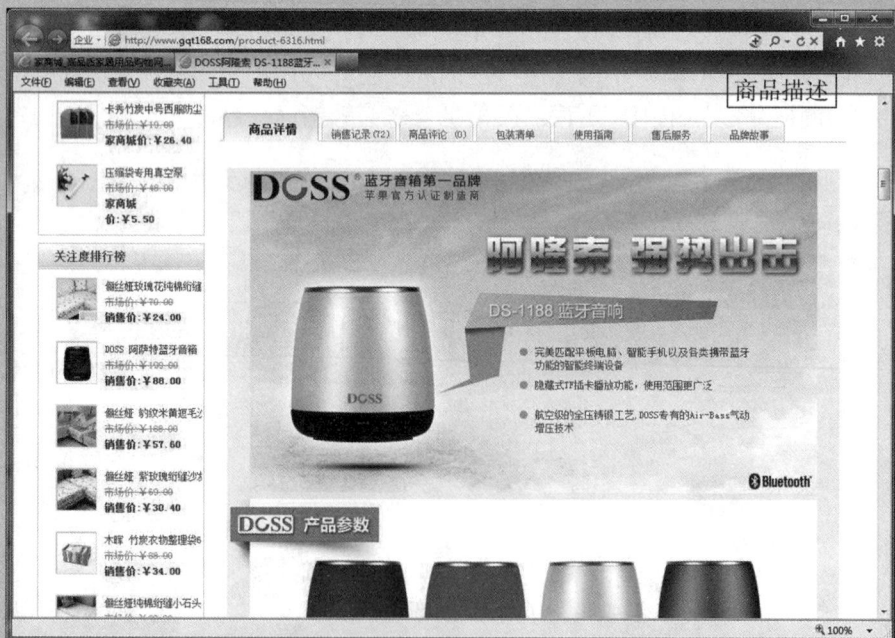

通过浏览"家商城"网站，我们已经对一般的网络营销网站结构有一个初步的了解，接下来，我们将以"家商城"网站为例，学习建立一个简单的网站。

一、任务目的

通过建立一个简单的营销网站，了解网站及网页的相关知识，掌握快速建立网站的方法，熟悉网络营销在网页中的应用，进一步认识网络营销。

二、任务要求

1. 通过浏览"家商城"网站，了解网页的构成，同时下载需要的图片并整理，保存到自己的作业文件夹中。

2. 使用网页制作软件 Dreamweaver，制作一个简单的营销网站。

三、任务实施

1. 启动 Dreamweaver，点选"站点"菜单，选"新建站点"命令，弹出定义站点的对话框，如图 9 - 1 所示。

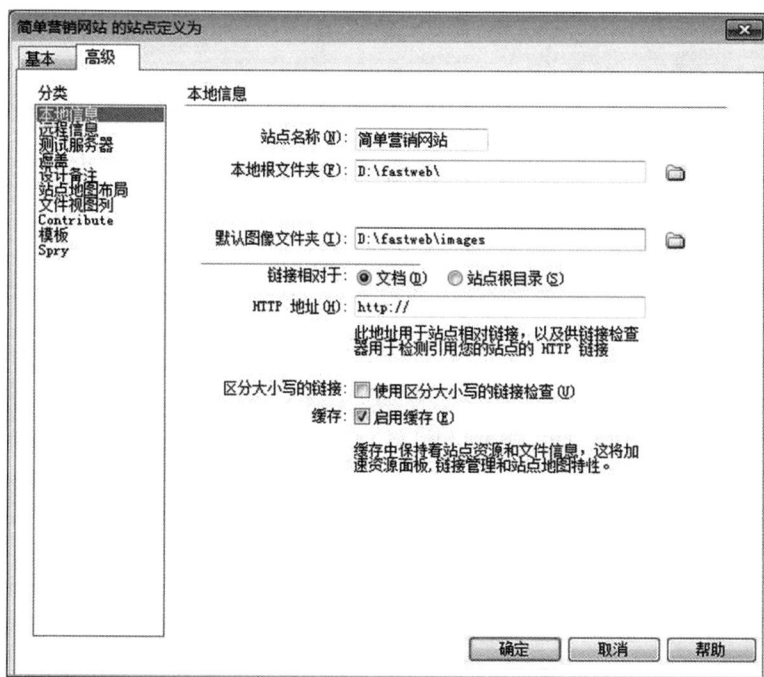

图 9 - 1 新建站点

2. 确定并完成新站点的建立，新站点将被保存在 D：\fastweb 文件夹中。然后选择"文件"菜单中的"新建"，选择一个示例建立主页 index. html，如图 9 - 2、图 9 - 3 所示。

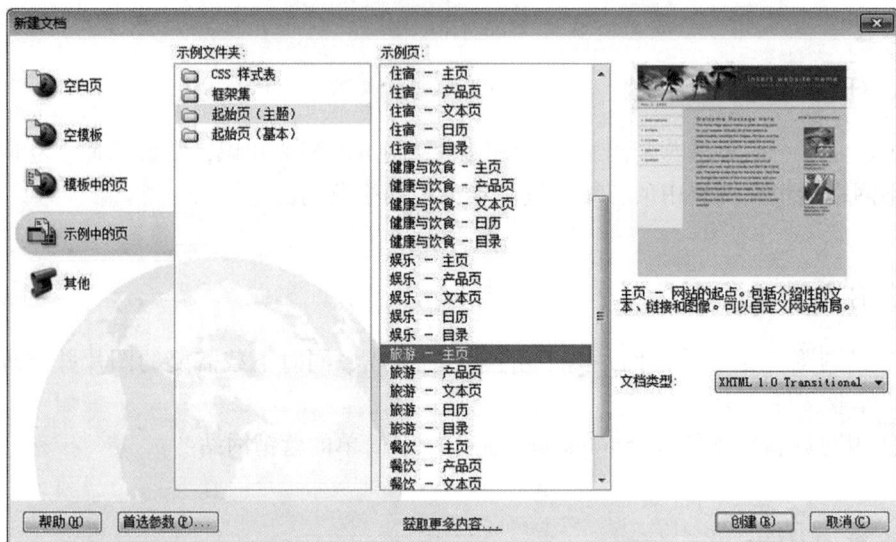

图 9 - 2　选择一个示例建立"主页"

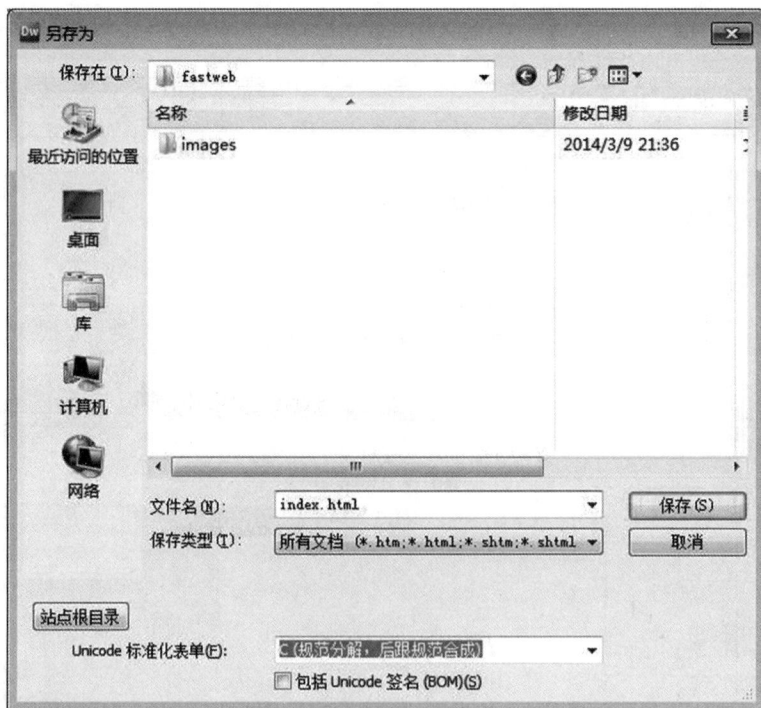

图 9 - 3　保存网页

　　注意：需要复制相关文件的时候，请更改文件位置到 images 文件夹中，如图 9 - 4 所示。

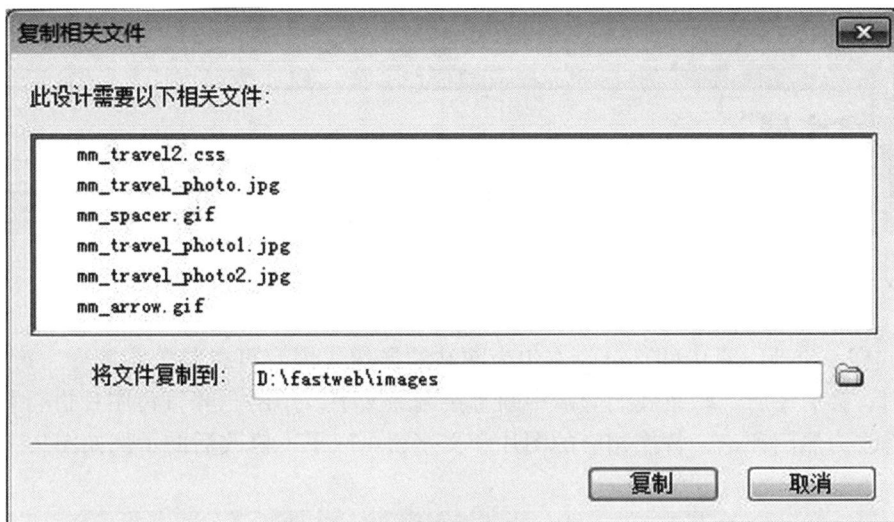

图 9-4　保存相关文件

完成后得到一个主页网页，如图 9-5 所示。

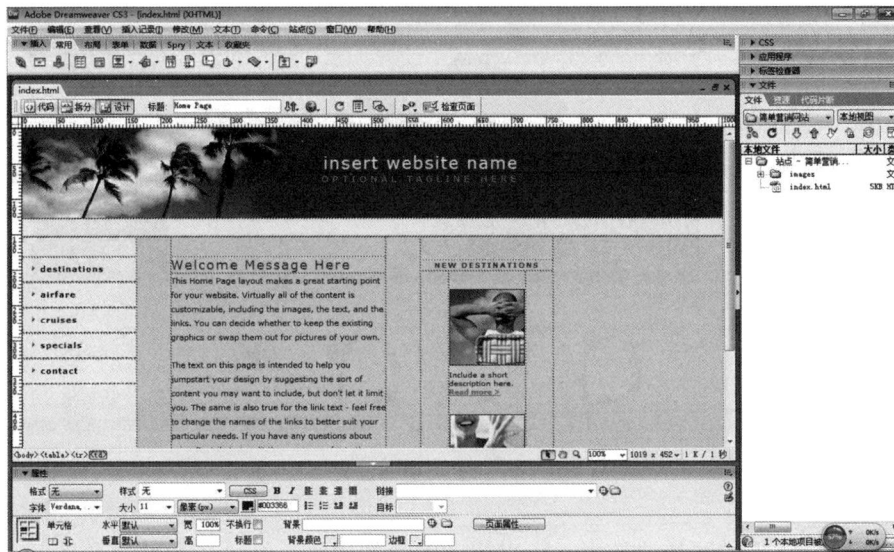

图 9-5　新建的主页

3. 修改刚才建立的主页，选择 Logo 图片并按键盘上的 Delete 键删除，然后插入图像命令插入自己的 Logo 图片。用同样的方法把右边的文字删除，插入相应图片。接着去掉表格的背景蓝色，方法为点击要去掉背景色的单元格，在下方的属性窗口"背景颜色"改为白色"#FFFFFF"即可。最后，把表格边线稍微往上拉一点点，让网页顶端更加美观紧凑，如图 9-6 所示。

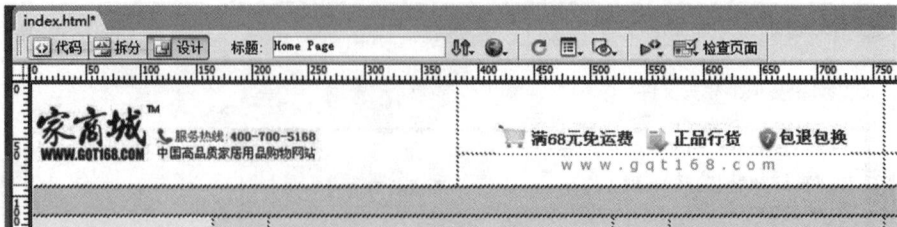

图 9-6　主页顶部设计

4. 同样，修改网页中间部分，左边为网站的导航，内容可以是公司简介、产品介绍、热卖促销、会员注册、联系我们等。中间直接删除文字，用两三张宣传图片进行替换，右边可以修改为热门评论，替换相应的图片和文字就可以了。修改后的示例如图 9-7 所示。

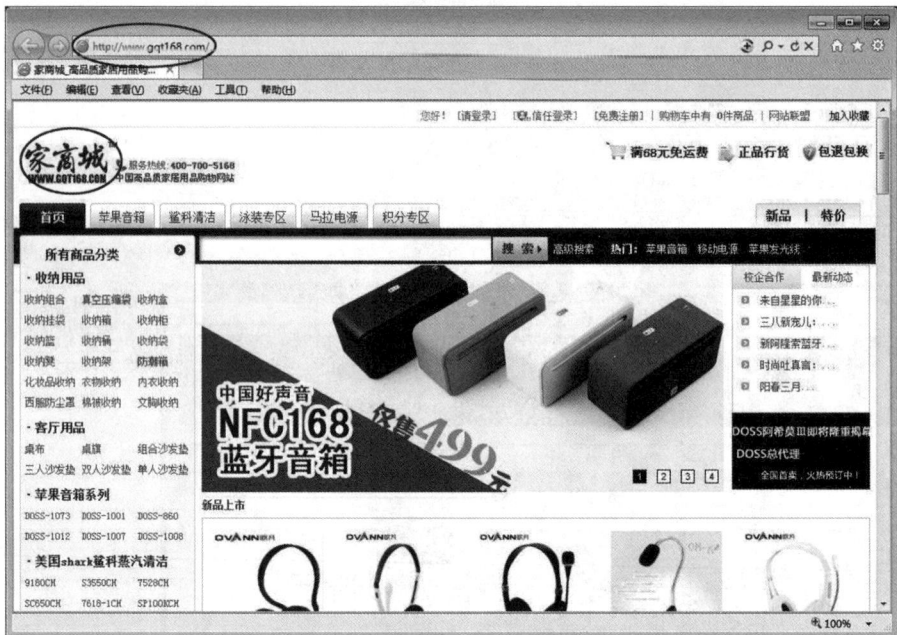

图 9-7　主页中部设计

注意：如果插入的图片比较大，可以拖动图片的边缘，缩小图片使之合适。

5. 选定最后一行的表格，然后点鼠标右键，选择"表格"中的"合并单元格"命令，把最后一行合并，并插入图片和文字，完成首页的编辑，然后保存，效果如图 9-8 所示。

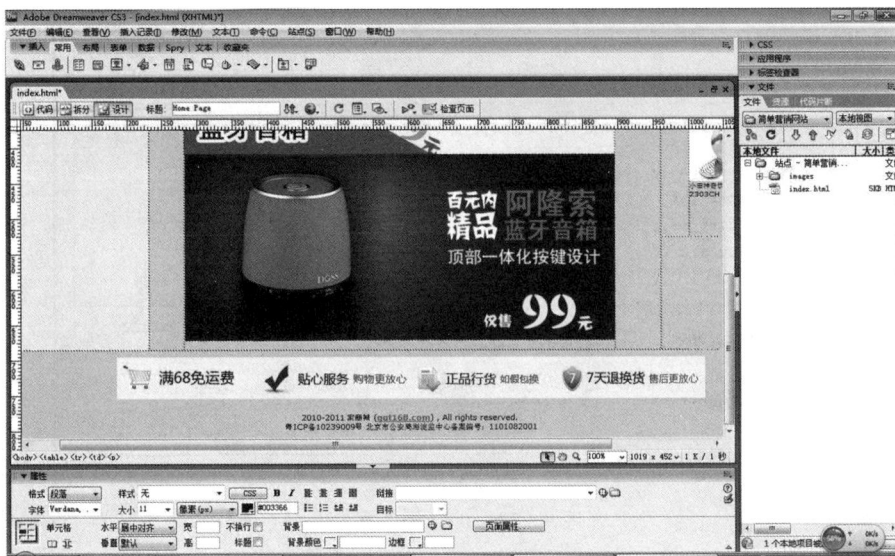

图 9-8 主页底部设计

注意：文字和图片的居中方式是：点击单元格，然后在下方的属性框中"水平"项里设置。

6. 接下来制作"产品介绍"页，选择"文件"中的"新建"菜单，选择另外一个示例页模板，保存文件到 D:\fastweb 文件夹，名字为"chanpin.html"，同时，保存相关文件到 D:\fastweb \ images 文件夹中，如图 9-9、图 9-10 所示。

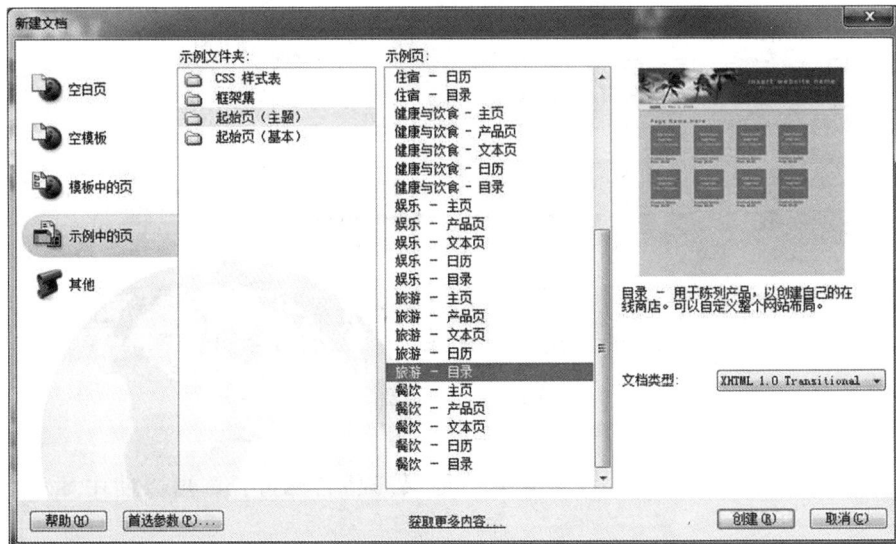

图 9-9 选择一个示例建立"产品介绍"页

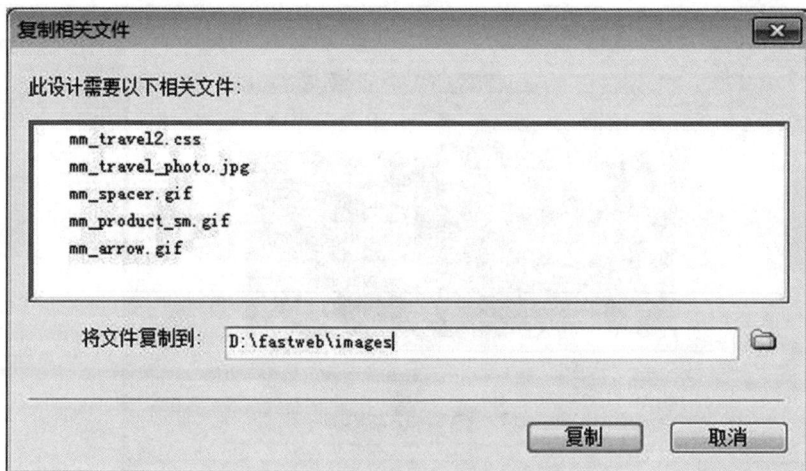

图 9 – 10　保存相关文件

7. 修改网页的横幅、导航和版权信息等部分，然后再把目录里的图片和文字替换为商城的产品就可以了，如图 9 – 11 所示。

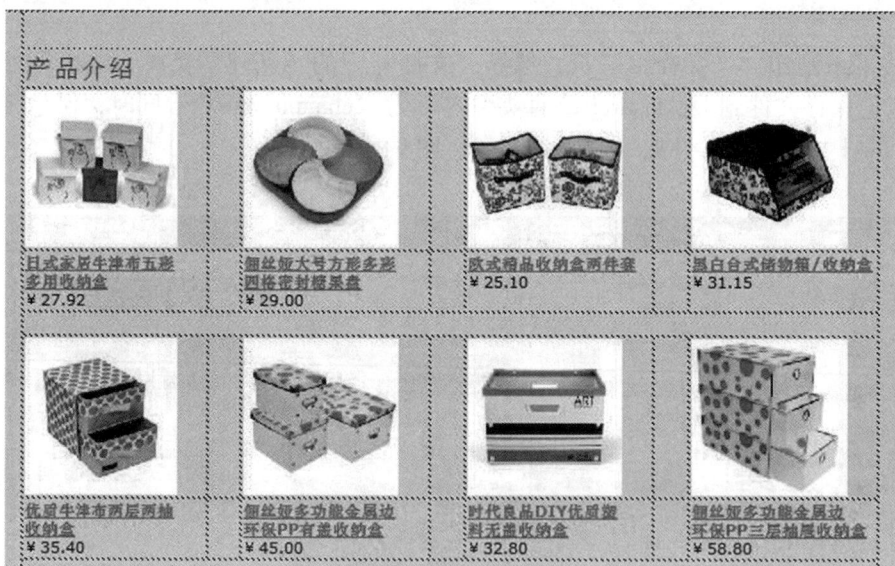

图 9 – 11　产品列表

注意：产品图片大小为 110 * 110 像素，如果产品名称过长，可以使用 Shift + Enter 键分行。

8. 用同样的方法，可以制作"热卖促销"页，保存文件到 D：\fastweb 文件夹，命名为"cuxiao. html"，同时保存相关文件到 D：\fastweb \ images 文件夹中，如图 9 – 12、图 9 – 13 所示。

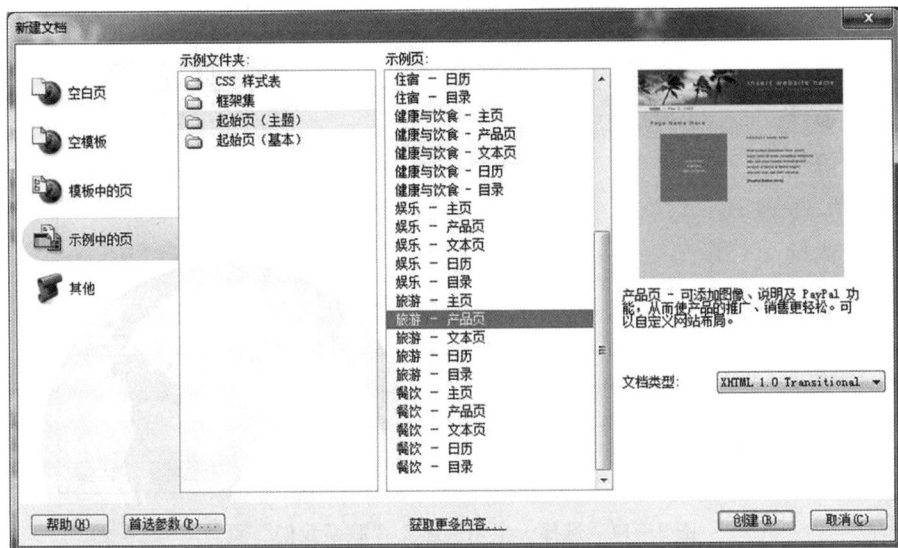

图9-12　选择一个示例建立"热卖促销"页

图9-13　热卖促销产品

9. 继续制作"联系我们"页，保存文件到 D：\fastweb 文件夹，命名为"lianxi. html"，同时，保存相关文件到 D：\fastweb \ images 文件夹中，如图9-14、图9-15所示。

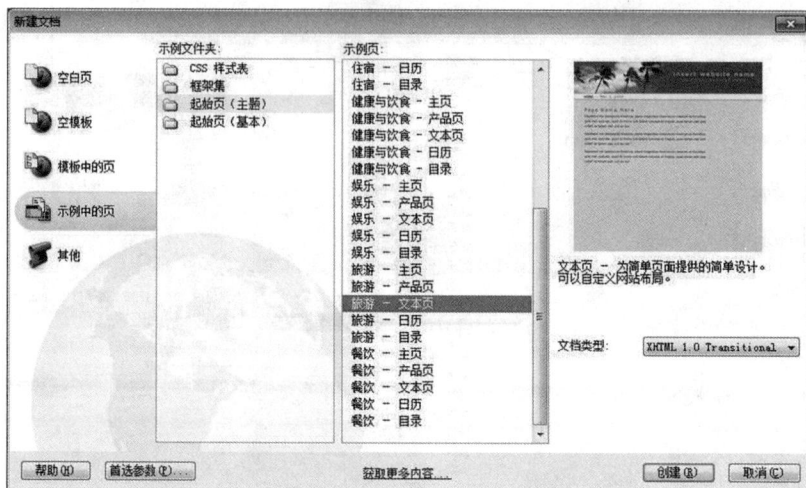

图 9 - 14　选择一个示例建立"联系我们"页

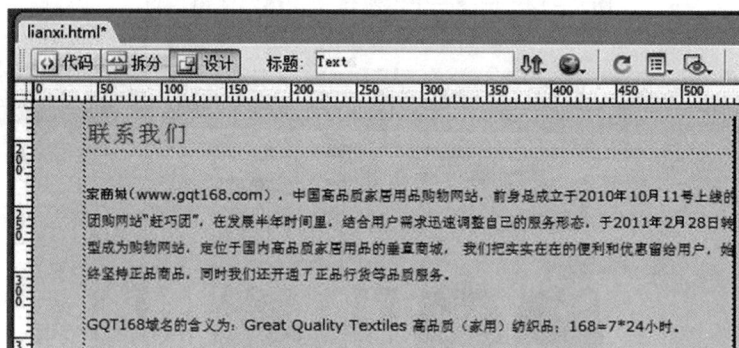

图 9 - 15　"联系我们"页参考内容

10. 最后制作"注册会员"页，使用的模板同样是文本页，并保存文件到 D：\fastweb 文件夹，命名为"zhuce. html"，同时保存相关文件到 D：\fastweb \ images 文件夹中。首先删除模板中的文本，然后在删除后腾出的空白位置执行表单工具的第一个"表单"命令，插入一个红色虚线框，然后在该红色虚线框内制作注册内容，如图 9 - 16 所示。

图 9 - 16　"注册会员"页

注意：制作表单的元素可以直接在表单工具中找到，鼠标放在工具上方不动，会弹出显示工具的名称，本节仅用到"表单""文本字段"和"复选框"三个工具。表单工具如图 9 – 17 所示。

图 9 – 17　表单工具

11. 回到主页 index. html，我们把导航栏中的每一个栏目对应每一个子页用超链接连起来。超链接的制作方法就是，选择导航文字，然后鼠标移到下方属性框中"链接"的"指向文件"，按下鼠标左键并拖动该指针，放到要连接的文件上再放开即可，如图 9 – 18 所示。

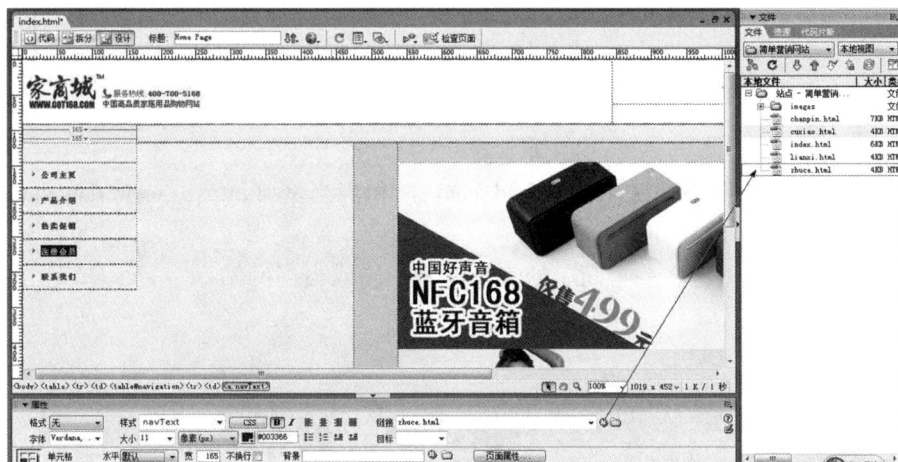

图 9 – 18　制作导航超链接

12. 然后把各个子页的"HOME"改成中文"返回主页"，同时修改链接指向主页，如图 9 – 19 所示。

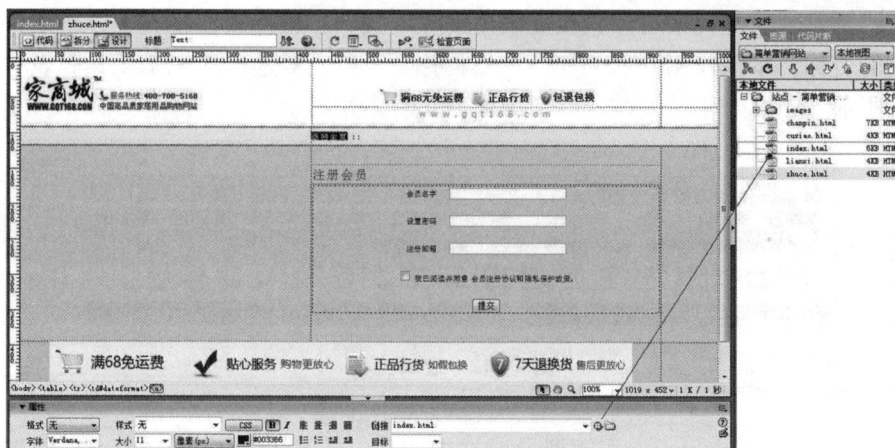

图 9 – 19　制作返回超链接

13. 最后，保存所有修改的页面，然后按下 F12 键，使用 IE 浏览器打开 index. html 网页，浏览全站的内容，检查链接是否正确、图片是否都能正确显示出来、版面是否整齐美观。

四、能力训练

1. 访问京东商城网站（http：// www. jd. com/）和当当网（http：// www. dangdang. com），了解电商网站的一般构成。

2. 就地取材，快速建立一个简单的京东商城网站或当当网站。

任务 2　网络营销效果分析

情景案例

A 数码公司的营销效果分析

A 数码公司在天猫新开了一家专卖店，店铺已经上架了 10 款产品，该公司也通过天猫直通车、百度搜索引擎、第三方专业网站、微信、微博等工具做了推广。在三个月之后，公司要求针对各个营销渠道对天猫专卖店前一段时间的营销效果进行分析和调整。

一、任务目的

网络销售和地面渠道的销售不同，地面渠道销售可能有很多难以统计出来的影响因素，而网络销售的所有因素几乎都可以直观地通过数据来体现和观察。通过这个天猫店铺的实际案例，对店铺的各项数据进行分析和解读，并发现特点和不足，以便在日后的运营中不断调整和改进。

二、任务要求

提取店铺数据，并对主要数据进行分析，发现问题和不足方便后续改进。

三、任务实施

首先需要对任务按步骤进行拆解，大致分为下面四个流程：使用工具获取数据—提取需要的数据—分析数据—采取应对措施。

1. 使用平台工具获取店铺后台运营数据：天猫商家通过后台的商家中心可以免费获取店铺运营的数据分析工具"生意参谋"（旧版本称为量子恒道店铺经），如图9-20所示。

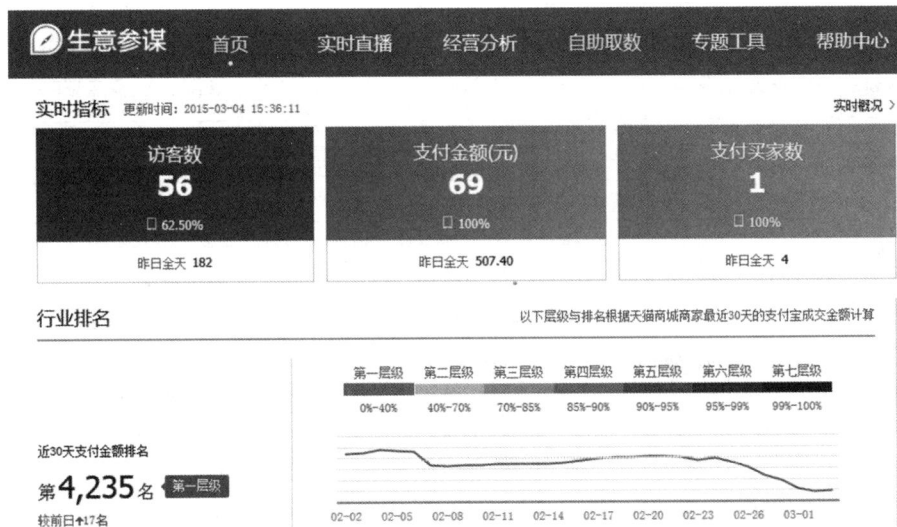

图 9-20　生意参谋界面

2. 自助提取运营数据：根据需求选择想查看的相关数据，生意参谋一次最多可以调取 30 个类别的数据，且生意参谋本身也给了一系列的推荐报表，如日报、周报、月报等，如图9-21所示。

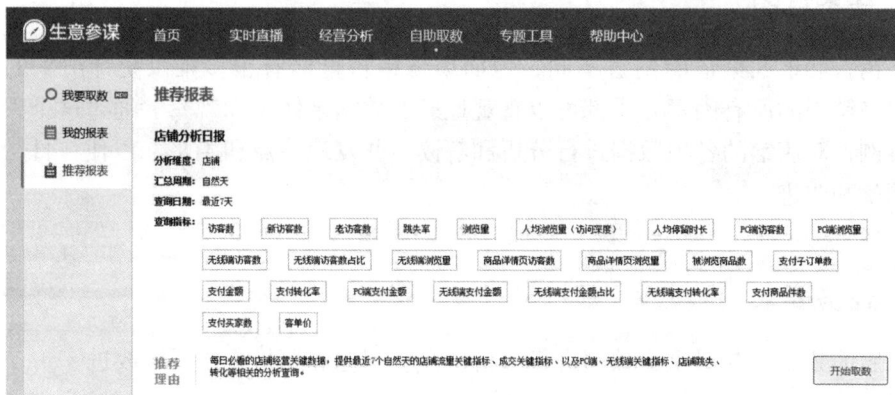

图9-21 自助取数界面

自助取数的一些主要参数的词次解释，如图9-22所示。

图9-22 一些主要参数的名词解释

3. 推荐月报表：根据公司的要求，要对新开店铺头三个月的数据进行分析。可选取包含这三个月的能体现店铺整体状况的大数据来进行分析，其主要包含的一些数据类型如

图 9 – 23 所示。

图 9 – 23　自助取数的数据类型

当选取好数据类型之后，点击预览数据会弹出图形对话框，点击"下载全部数据"按钮，即可得到选定的全部数据，如图 9 – 24 所示。

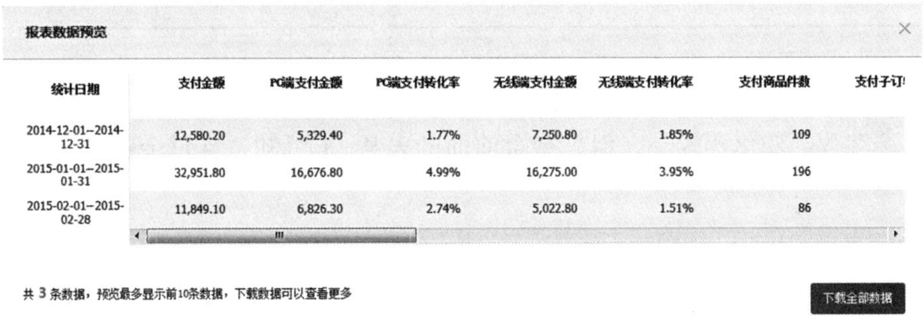

图 9 – 24　报表数据预览和下载

4. 店铺整体销售数据分析：用 Office 办公软件把下载来的数据打开，如表 9 – 1 所示。

表 9 – 1　三个月的支付情况和转化情况

统计日期	支付金额	PC 端支付金额	PC 端支付转化率（%）	无线端支付金额	无线端支付转化率（%）
2014 – 12 – 01—2014 – 12 – 31	12 580. 20	5 329. 40	1. 77	7 250. 80	1. 85
2015 – 01 – 01—2015 – 01 – 31	32 951. 80	16 676. 80	4. 99	16 275. 00	3. 95
2015 – 02 – 01—2015 – 02 – 28	11 849. 10	6 826. 30	2. 74	5 022. 80	1. 51

（1）先从三个月的总体支付金额来进行分析：

2014 年 12 月到 2015 年 2 月，支付金额由 1. 258 万先上升到 3. 295 万，然后 2015 年 2 月份回落到 1. 185 万，总销售额达到 5. 738 万元。而综合三个月的 PC 端和无线端的支付金额，我们会发现，无线端和 PC 端的支付金额几乎差不多，这也非常符合当前的主流趋势：越来越多的人，离开了传统的 PC 端而转用手机、Pad 等移动终端来上网购物。

此图还显示了另一组数据，那就是转化率。通过数据能比较明显地发现，除了第一个月，其余时间段 PC 端的支付转化率都是远大于无线端的支付转化率，基本都高出了 1% 左右。

表 9 - 2　访客和浏览情况

统计日期	访客数	PC 端访客数	无线端访客数	浏览量	日均、人均浏览量	PC 端浏览量	无线端浏览量	商品详情页浏览量
2014 - 12 - 01—2014 - 12 - 31	4 346	1 974	2 372	12 055	3. 00	4 997	7 058	9 517
2015 - 04 - 01—2015 - 01 - 31	4 014	1 885	2 129	10 703	2 00	4 521	6 182	9 192
2015 - 05 - 01—2015 - 02 - 28	3 963	1 057	2 906	9 486	2. 00	2 168	7 318	8 573

通过上面的数据不难发现，该店铺的访客数量一直维持在 4 000 左右，略有下降的趋势，虽然访客数的变化比较小，但是结合前面的表 9 - 1 可知，支付金额却发生了比较大的变化。

表 9 - 3　支付、订单数据

统计日期	支付商品件数	支付子订单数	支付买家数	支付转化率（%）	人均支付商品件数
2014 - 12 - 01—2014 - 12 - 31	109	93	79	1.82	1
2015 - 01 - 01—2015 - 01 - 31	196	186	178	4.43	1
2015 - 02 - 01—2015 - 02 - 28	86	80	73	1.84	1

通过表 9 - 3 发现，所有来到该店铺消费的用户，人均支付商品件数为 1，说明该店铺在产品的关联销售上还有比较大的提升空间。通过关联优惠销售等手法，可以拉高人均支付商品件数，也能进一步提高总支付金额。

（2）总体变化分析：

①这三个月当中，该店铺在不断调整自己的店铺，1 月份达到了一个比较好的效果，但是在 2 月份却又开始下滑，这个时候应该要反思的问题是：调整的方向是否偏离了用户的使用习惯，导致用户支付转化率下降？客服在接待客人时的服务态度是否应该加强？

②2 月份属于是中国农历年的过节期间，过节期间物流会停运半个月左右，这个节日

对店铺的运营数据也有比较明显的影响。而处于过年的上一个月的 1 月份，中国消费者的节前购物冲动也体现得比较明显，转化率提升较明显。

③店铺的无线端支付转化率远低于 PC 端的支付转化率，是否应该注重对无线端的装修体验，来提升无线支付转化情况。

5. 店铺整体流量分析。流量可以说是决定一个店铺销售情况最重要的因素，因为流量几乎可以代表着用户的数量。流量越高，到你的店铺浏览你的产品的用户也就越多。只有拥有足够多的流量，并拥有足够好的转化率才可能成就一个比较成功的店铺。

根据天猫店铺的特性，流量从来源上又分为两个大类，一个就是天猫的站内流量，一个就是站外流量。站内流量又分为免费流量、付费流量和主动访问；而站外流量就包含了百度等搜索引擎、专业媒体、微信、微博等流量，在下图中的呈现就是站外流量和其他类别的流量。

我们通过生意参谋的流量地图（以 PC 端的情况为例）来查看 A 公司 1 月份的店铺流量来源和同行的情况，如图 9-25、图 9-26 所示。

流量来源	访客数		下单买家数		下单转化率		操作
淘内免费	1,173	↑1.38%	76	↑322.22%	6.48%	↑315.38%	查看详情
付费流量	517	↓3.36%	15	↑150%	2.90%	↑158.93%	查看详情
自主访问	307	↑1.32%	52	↑160%	16.94%	↑156.67%	查看详情
淘外流量	32	↓60%	0	↓100%	0%	↓100%	查看详情
其他	2	↓33.33%	0		0%	-	查看详情

图 9-25　PC 端店铺流量来源

数码周边同行平均

流量来源	访客数		下单买家数		下单转化率		操作
淘内免费	5,379	↑0.94%	298	↓2.93%	5.89%	↓0.67%	查看详情
付费流量	1,223	↓13.08%	64	↑1.59%	5.31%	↑0.95%	查看详情
自主访问	901	↑0.56%	167	↓1.18%	18.27%	↓3.18%	查看详情
淘外流量	73	↓1.35%	6	-0%	6.23%	↓3.26%	查看详情
其他	8	-0%	2	-0%	12.50%	-0%	查看详情

图 9-26　同行 PC 端的流量来源

通过对比不难发现，A 公司的流量总数离同行的平均水平还有比较大的差距。一方面，这个与店铺刚开张流量数值还比较小，天猫给导入的流量还不够大相关；另一方面，店铺的产品的标题优化、受欢迎程度、价格体系、优惠策略方面也都有不同程度的影响。

在淘宝付费流量、自主访问、淘外流量当中，A 公司的下单转化率也都低于同行的平均标准。对产品和店铺进行进一步的优化、对外部流量作进一步的转化和引导都将可以进一步拉升数据。

而其他流量包含了微信、微博、第三方专业媒体等无法对应统计的数据又不一样了。这个部分的数据首先是流量数据比较小，然后转化率为 0，这说明 A 公司在这些非电商平台的媒体做的推广还比较欠缺，应该进一步加大推广的力度，并更积极地引导用户到天猫平台上进行购买，提升下单机率和转化率。

6. 单个产品的流量分析。A 公司有 10 款产品在销售，但不可能每一款产品都是所谓的"爆款"，一定有某一些产品卖得好一些，某一些产品卖得相对不那么好。一般来说，卖得比较好的产品，更容易通过集中的力量，被打造成在网络上单月能卖几千甚至几万个的爆款。下面我们来看看 A 公司的产品情况，如图 9 – 27、图 9 – 28 所示。

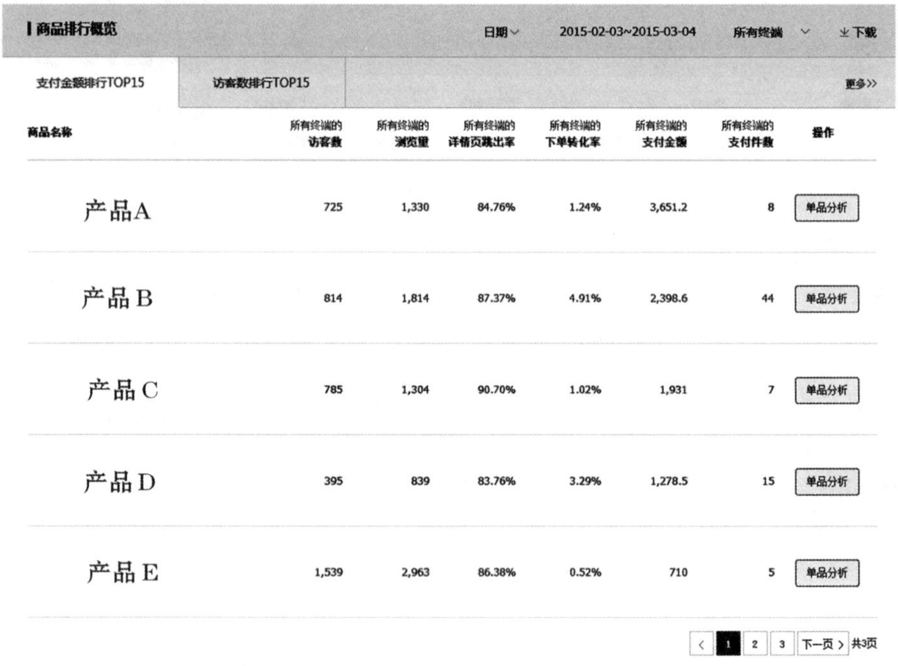

商品排行概览			日期∨	2015-02-03~2015-03-04	所有终端 ∨	⊥下载
支付金额排行TOP15	访客数排行TOP15					更多≫
商品名称	所有终端的访客数	所有终端的浏览量	所有终端的详情页跳出率	所有终端的下单转化率	所有终端的支付金额	所有终端的支付件数	操作
产品A	725	1,330	84.76%	1.24%	3,651.2	8	单品分析
产品 B	814	1,814	87.37%	4.91%	2,398.6	44	单品分析
产品 C	785	1,304	90.70%	1.02%	1,931	7	单品分析
产品 D	395	839	83.76%	3.29%	1,278.5	15	单品分析
产品 E	1,539	2,963	86.38%	0.52%	710	5	单品分析

< 1 2 3 下一页 > 共3页

图 9 – 27　通过支付金额进行排名的前 5 名产品

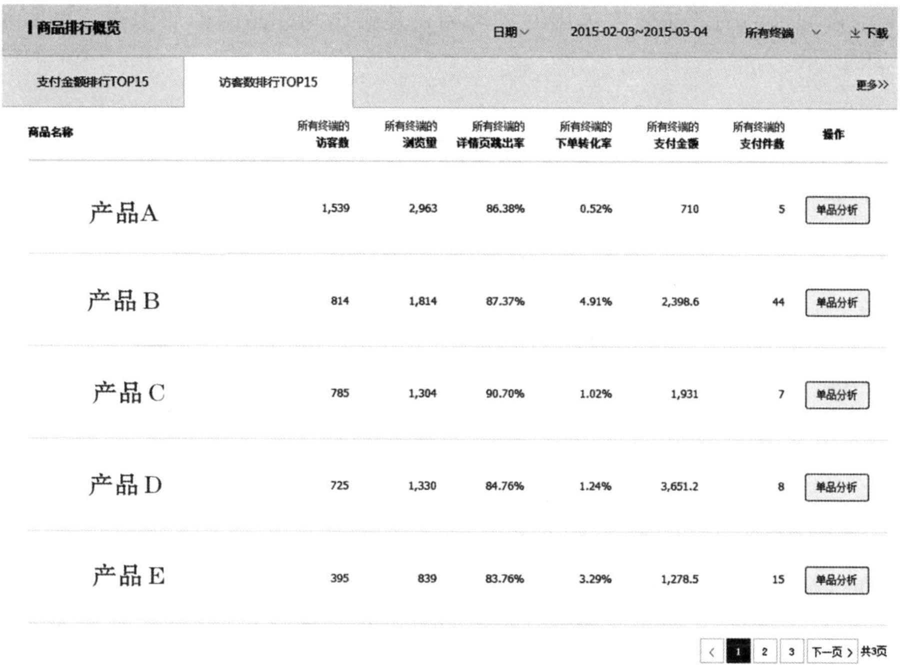

图9-28　通过访客数排名的前5名产品

非常巧合的是，A公司通过两个层面的排行榜，排前五名的五款产品均是一样的，这也意味着这五款产品可能是A公司最受欢迎的产品，那我们再进行进一步的筛选，选择一款更具备实现爆款的潜力的产品。

非常容易地发现产品B具备这种潜力，无论在任何一个排行榜中都处于第二名的位置，其流量占比比较高、支付转化率最高、支付的件数最多，是当之无愧最受欢迎的产品，也是最容易被打造成爆款的产品。

还有一个产品D也值得我们关注，产品D虽然获得流量数不多，支付总金额数也比较少，但是其支付转化率却是仅次于产品B的。如果在店铺的运营当中，把更多的流量导向产品D，产品D也有可能爆发出更多的潜能，为商家带来更多的利益。

而对于其他三款产品，要么跳出率过高，要么转化率太低，要么下单次数太少，并不是被打造成爆款的好产品。

四、能力训练

众所周知，电商平台的站内搜索永远都是店铺流量的主要来源之一，如何去寻找合适的关键词和把产品的关键词优化得更容易被搜索引擎抓取，并在搜索的时候被用户提取，这是搜索的核心问题。

天猫、淘宝还提供了一个专门的淘宝指数平台（http://shu.taobao.com/）来方便大家设置关键词。如果读者有自己的店铺，又对关键词优化还不太了解的话，应该来这个淘宝指数平台查询自己的产品应该采用的关键词，并应用到产品的描述中去。淘宝指数页面如图 9 – 29 所示。

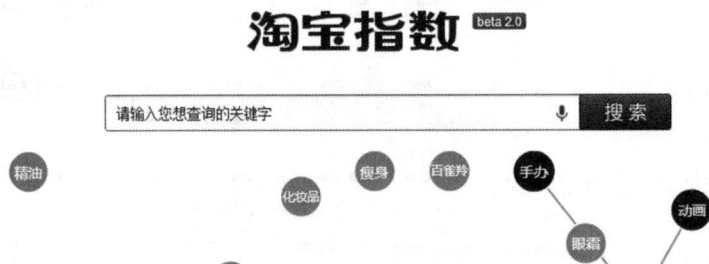

图 9 – 29　淘宝指数页面

五、任务小结

天猫店铺的运营是否良好，涉及的面非常大，但基本都可以通过各种各样的数据来展现。本次的案例仅列举一些主要方向的数据来作示范。要真正运营好，还需要我们每天观察店铺数据，时刻留意用户习惯的变化、平台规则的变化、市场环境的变化，尽力开发新客户，维护好老客户，让店铺保持长久的活力，这样随着数据量的增加，天猫/淘宝给予的权重也会越来越大，店铺得到的免费流量也会越来越多；另外，店铺在逐步成长的同时，适当的付费流量也是对店铺活力的有力补充。

任务 3　1 号店广东站电子商务大赛实战

2014 年 1 号店校园行电子商务大赛

1 号店广东站——广东省对外贸易职业技术学校（唯一一队中职生参与）

1 号店参赛纲要

◆1 号店校园电子商务大赛介绍
◆1 号店校园行电子商务大赛初赛计划
◆1 号店广东站 17e 梦想——广东省对外贸易职业技术学校参赛 PPT
◆1 号店广东站 17e 梦想——团队成员
◆1 号店广东站 17e 梦想——营销方案
◆1 号店广东站 17e 梦想——投票环节
◆1 号店广东站 17e 梦想微信朋友圈推广活动内容
◆1 号店广东站 17e 梦想——店铺初赛最后排名
◆1 号店比赛总结

◆　1号店校园电子商务大赛介绍

2014 年 1 号店校园行
电子商务大赛

一、大赛简介

2014 年 5 月 4 日起，由电商新秀 1 号店举办的 "2014 年 1 号店校园行电子商务大赛" 将入驻广东各大高校，选手可以在大赛官方网站 http：∥xyx. yhd. com 注册报名，牛刀小试，实现自己的创业梦想。

本次大赛是一场真实的电商销售比赛，各参赛队伍以电商卖家的身份参赛，从 1 号店商品库中挑选商品，按照统一的模板生成微信店铺，再通过整合营销手段推广店铺，创造销售额，实现自己创业开店的梦想。

赛程分为创业店铺设计、线上店铺销售、线下店铺销售比赛。获胜团队可获高达 20 000 元的大赛奖金，表现优异的团队，更可获得 1 号店电商导师指导的机会和精美大礼包等丰厚奖品。

二、大赛组织机构

◎大赛主办方：1 号店
◎大赛承办方：新智学会
◎大赛协办方：广州大学城各高校学生组织
◎大赛赞助商：维达、康师傅、杨协成

三、大赛形式

本次大赛是一场真实的电商销售比赛，各参赛队伍以电商卖家的身份参赛，先从1号店商品库中挑选商品，按照统一的模板生成微信店铺，再通过整合营销手段推广店铺，创造销售额（商品的价格/图片/文字描述等信息以1号店前台信息为准；完成订单所需的支付、物流、客服等工作由1号店完成）。

四、参赛人员及其报名方式

广东省广州市内各高校、各年级、各专业在校生均可参加比赛。

1. 组队方式：名不区分团队和个人，要求3人以上组成一支队伍。在同一城市内以店铺最终成绩来评比。大赛组委将按照公平、公正、公开的原则，以店铺最终成绩来评出优胜队伍。

2. 报名时间：2014年5月4日—2014年5月20日。

3. 报名攻略：

（1）登录 http：∥xyx. yhd. com，点击"报名"，包括队长在内，每个队伍至少要求有3名成员。

1号店校园行报名页面

（2）提交运营PPT计划（具体见附件1）至邮箱 yhdxyx_bm@163.com，详细要求见附件1。

五、赛程安排

（一）第一阶段：前期宣传、报名阶段（5.4—5.20）

1. 前期宣传与报名（5.4—5.20）。

通过大学城各校学生组进行线下（传单、宣传报、横幅等）及线上（利用学校官方微博、微信、Q 群、校广播、人人网等）宣传；同期接受参赛人员报名。

2. 启动仪式（5.14）。

（1）在华南理工大学举办赛事启动仪式，邀请 1 号店及其合作品牌商分享电商行业发展经验以及传统行业的电商转型之路。

（2）介绍本次大赛信息，正式启动比赛。

（二）第二阶段：初赛（5.21—6.1）

1. 销售环节（5.21—6.1）：各参赛团队根据前期策划所挑选的产品生成微信店铺，开展线上销售环节（参赛团队可通过微信、微博、人人网等社会化媒体宣传自己的店铺以提高销售额）。

2. 投票环节（5.22—5.30）：参赛团队可以让亲朋好友通过关注 1 号店广东站（微信 id：yhdgdz），为其店铺进行投票，每个 ID 每日限投 1 票。

（三）第三阶段：决赛（6.5—6.8）

1. O2O 实战销售阶段（6.5）：组织晋级队伍参加线下 O2O 实战销售比赛。

2. 展示答辩阶段（6.8）：在华南理工大学（大学城校区）举办决赛。决赛有展示和答辩环节，每个队伍展示时间为 10 分钟（展示要求见附件 2），随后进入 5 分钟的答辩环节。

（四）第四阶段：后续创业阶段

所有参赛团队皆可在比赛结束后以创业团队的身份继续运营店铺，1 号店将以其店铺销售额为基础，提供相关的佣金。

六、大赛评分规则

1. 初赛评分规则：

总分 = 销售额 ×（1 + 营销策划加成比例）
销售额 = 实际销售额 + 店铺所获投票数 × 3

营销策划加成比例为 0~30%，根据团队提交的营销策划 PPT 来打分。

6 月 1 日 24：00 线上销售阶段结束，广东省所有参赛团队中得分前 10 名的团队晋级决赛。比赛结果于 6 月 2 日公布。

例：团队 A 实际销售额为 2 600 元，获得投票数为 400 票，则销售额计为 2 600 + 400 × 3 = 3 800 元；加上其营销策划加成比例 20%，最后得分为 3 800 ×（1 + 20%）= 4 560 分。

2. 决赛评分规则：

总分（百分制）＝（初赛得分＋现场销售额×3）×50%＋展示答辩得分×50%

比赛结果于 6 月 8 日展示答辩结束后现场公布。

例：团队 A 初赛得分为 4 560 分，现场销售额为 1 000 元，则团队 A 得分为 = 4 560 + 1 000 × 3 = 7 560 分。此阶段，10 个团队中最高得分者成绩为 10 000 分，则此阶段团队 A 的最终得分为（7 560/10 000）×100 = 75.6 分。而团队 A 最终展示答辩分数为 90 分，则总得分为 75.6 × 0.5 + 90 × 0.5 = 82.8 分。

3. O2O 环节玩法：

10 支队伍抽签，每两支队伍一同进入一栋写字楼进行推广，共同协作推广其中一支队伍的店铺（商铺产品可以通过协商重新挑选），创造销售额，这个销售额最终均分算作每个队伍的销售额。

七、奖项设置

◎一等奖 1 名，奖金 20 000 元
◎二等奖 1 名，奖金 10 000 元
◎三等奖 1 名，奖金 5 000 元
◎优胜奖 3 名，奖金 2 000 元

八、附件

（一）附件 1

1. PPT 建议包含内容。

（1）团队与店铺特色介绍。

（2）目标顾客。

（3）产品组合选择理念和店铺宗旨。

（4）设计一个针对店铺特色，可在社会化媒体上进行病毒式传播的文案（可包含视频、图片等）。

2. 格式要求：建议 PPT 不超过 6 页，大小不超过 50M；视频作为附件与 PPT 一同发送至组委会专用邮箱。

（二）附件 2

展示 PPT 内容建议：

1. 宗旨与策略。一个出色的市场营销策划方案，要时刻体现出清晰的策划宗旨，贯彻着统一的市场策略，并介绍店铺营销宗旨和实际运营应如何结合。

2. 销售额回顾。总结出最终的销售额情况，可以以趋势分析图等方式做简单的分析。

3. 主要驱动因素。

（1）营销创意。针对所选产品（单品/组合）提出的理念、创意是否有效地打动目标客户群。

（2）整合营销传播效果。媒体平台的选择与组合方案，包括视频、纸质媒体、社交网络（微信、人人网、微博）等的覆盖人群，营销执行情况；相关照片/图片/截图记录。

（3）促进销售。锁定的目标客户群从具有购买意愿到最终发生购买行为的宣传关联点及方式。如有效的买赠策略、促销活动、吸引人的产品功效沟通等。

注意：以上为现场展示答辩的建议内容，参赛队伍可以根据具体情况自由发挥和补充。

◆ 1 号店校园行电子商务大赛初赛计划

1 号店校园行电子商务大赛初赛计划

由电商新秀 1 号店举办的"2014 年 1 号店校园行电子商务大赛"将入驻广东各大高校，选手可以在大赛官方网站注册报名，牛刀小试，实现自己的创业梦想。

本次大赛是一场真实的电商销售比赛，各参赛队伍以电商卖家的身份参赛。从 1 号店商品库中挑选商品，按照统一的模板生成微信店铺，再通过整合营销手段推广店铺，创造销售额，实现自己创业开店的梦想。

以下针对竞赛特分阶段做如下方案：

一、第一阶段：前期宣传、报名阶段（5.4—5.20）

1. 报名阶段：

（1）登录官网进行报名

（2）提交参赛 PPT

2. 前期宣传：

（1）进行线下（传单、宣传报、横幅等）及线上（利用学校官方微博、微信、Q 群、校广播、人人网等）宣传。

（2）团队参与启动仪式（5.14）

在华南理工大学举办赛事启动仪式，邀请 1 号店及其合作品牌商分享电商行业发展经验以及传统行业的电商转型之路，并介绍本次大赛信息，正式启动比赛。

二、第二阶段：初赛（5.21—6.1）

1. 销售环节（5.21—6.1）：根据前期策划所挑选的产品生成微信店铺，开展线上销售环节（通过微信、微博、人人等社会化媒体宣传自己的店铺以提高销售额）。

2. 投票环节（5.22—5.30）：通过关注 1 号店广东站（微信 id：yhdgdz），多方面展开活动为店铺拉票。

三、第三阶段：决赛（6.5—6.8）

四、参赛目标：初赛取得前六名

◆　1 号店广东站 17 e 梦想——广东省对外贸易职业技术学校参赛 PPT

团队介绍

我们是中专生，**17** 岁的我们是一群具有创新、激情且目标一致的团体。我们因为"微水果"走到一起，是有着相同专业知识、共同创业梦想的年轻人。

店铺特色

以消费者的需求出发，为不同群体的消费者在衣食住行方面进行"私人定制"，让每位消费者体验到完美的一天。

活动背景：现代人的生活节奏越来越快，对生活品质的要求也越来越高。人们每天上班，早出晚归，导致购物的时间也被工作所取代。同时，在信息时代，移动购物已经融入人们的生活，方便快捷，流畅的购物体验，是现代购物的不二选择。

活动介绍：每天通过微信发布"私人定制"信息为不同客户群体私人打造完美的一天，并以此来吸引各类人群，从而让他们关注我们的店铺，实现之后的消费环节。

店铺宗旨：私人定制为你打造完美一天

产品组合选择理念

一、从产品感官上植入消费的内心，去触发消费者购买欲望
例如：逆袭囧夏组合
冰爽沐浴露　冰爽洗发露　冰爽洗脸奶

二、从配合季节的需要上，选择能够多销的产品
例如：蚊来我不怕组合（夏天）
蚊帐、花露水、蚊香、驱蚊液

三、组合式商品促销，让实惠来得更直接
例如：军训必备，双重保护，让您安心爱上它。
防晒霜、芦荟胶。

目标客户

目标客户：学生、白领、家庭妇女
想有私人秘书每天为您私人量身定制高端、大气、上档次的生活吗？

潜在客户：社交网络用户
——无论您是学生、白领、还是家庭妇女，我们都能为您打造完美一天。

活动主题：私人定制，为您定制~

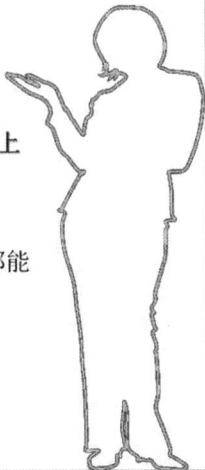

白 领 篇

早晨，当第一缕阳光透进窗时，

如果一杯蕴含着自然清新奶香、口感丝滑纯正的牛奶出现

在您面前，让您细细品尝，让唇齿之间留有淡淡余香，

相信一 定让您回味无穷，一整天都拥有好心情。

◆ 1 号店广东站 17e 梦想——团队成员

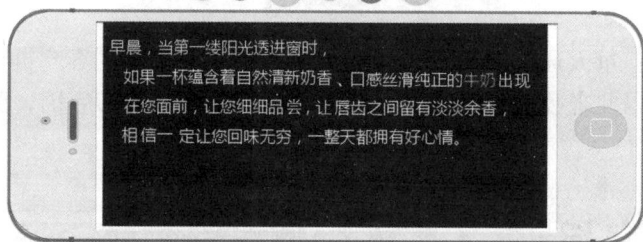

1号店 校园行

| 店铺首页 | 商品管理 | 效果报表 | 账户管理 |

17e梦想

提醒：店铺最多添加14个队员
您目前还可以添加3个队员

添加队员

团队信息

序号	姓名	手机号码	职务	所在学校	操作
1	王文萍	15007547473	队员	广东省对外贸易职业技术学校	编辑 删除
2	王依婷	15622247818	队员	广东省对外贸易职业技术学校	编辑 删除
3	林晓真	15915747778	队员	广东省对外贸易职业技术学校	编辑 删除
4	郑舒香	13413424164	队员	广东省对外贸易职业技术学校	编辑 删除
5	谢泽琴	13660384059	队员	广东省对外贸易职业技术学校	编辑 删除
6	尚木桃	13435692599	队员	广东省对外贸易职业技术学校	编辑 删除
7	范寡怡	13265047623	队员	广东省对外贸易职业技术学校	编辑 删除
8	莫欣欣	18218916425	队员	广东省对外贸易职业技术学校	编辑 删除
9	陈志伟	15112544709	队长	广东省对外贸易职业技术学校	编辑 删除
10	林志栋	15622248286	队长	广东省对外贸易职业技术学校	编辑 删除
11	卢楞	15622248401	队长	广东省对外贸易职业技术学校	编辑 删除

◆1 号店广东站 17e 梦想——营销方案

你想宅吗? 你想一个月都不用去超市吗?
想就点进来吧!
——我知道你进来了就想要! 那就扫一扫吧!

一、活动背景

对于常年窝在家里、窝在宿舍、足不出户的宅男宅女来说,出门购物往往是最痛苦的事,但生活总免不了购买必需品。这次活动针对宅男宅女的痛苦之处,给予方便实惠的购物之乐,让你不出门,一样可以轻松购物。

二、活动主题

网上购物,总会让人感觉心情愉悦。"17e 梦想"希望每位宅男宅女都能享受到便捷的网上购物,把优质实惠的商品给最宅的你。

三、活动介绍

只要在微信扫描二维码进入 1 号店微店购买商品,就有机会获取 1 号店优惠券,让自己的购物更实惠、更方便。

四、活动内容

进行论坛营销——用奇葩、引人注目、稀奇的标题吸引人来点击,并分享到腾讯微博、新浪微博、QQ 空间、微信朋友圈等。如今年的"爸爸去哪儿了"以及后面连续出现的"飞机去哪儿了"等引人注目的标题。

五、利用微信功能

1. 通过搜索"附近的人"推广加粉。
2. 借"微信群发助手"实现精准推广。
(1) 利用群发助手可以为公众平台加粉快速导流。
(2) 利用群发助手可以快速为官方微信活动展开推广。
(3) 利用群发助手可以快速发通知或者祝福。

3. 优势：精准、快速。

4. 我们可以利用漂流瓶、微博等进行推广。

5. 线上订购，线下消费线上虚拟经济，线下实体经济。如在宣传的时候把二维码印在纸巾外包装上。

六、常规宣传，线上线下联动

1. 在微博、人人网、官网上都做推广；线下则在各个门店，如门店大堂、宣传单页、电梯、房门、床头等都放上宣传资料。

2. 结合热点的微信主题活动。

3. 利用学校这个平台，让老师帮我们把店铺二维码和店铺信息发给同学们扫描转发，进行推广宣传。

4. 利用免费链接 WiFi。只要分享一条信息到微信朋友圈进行宣传，就可以享受免费的上网功能。

◆1 号店广东站 17e 梦想——投票环节

第一步：扫一扫

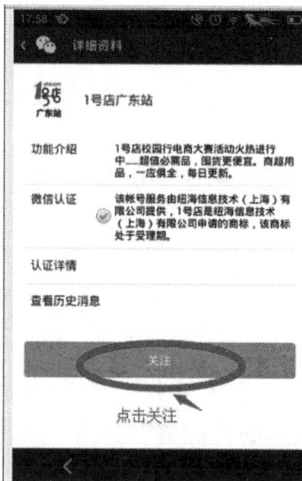

第二步：关注

第三步：查看

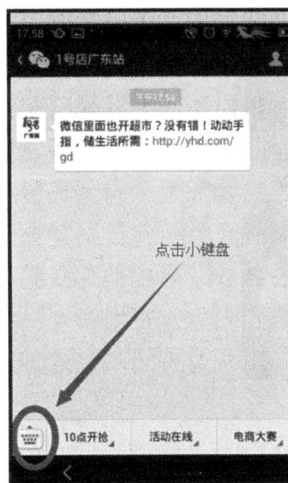

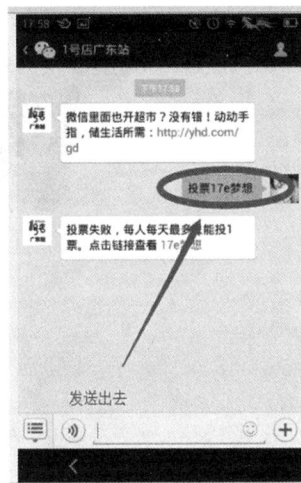

第四步：点击小键盘　　　　　　第五步：输入　　　　　　第六步：发送

◆ 1 号店广东站 17e 梦想微信朋友圈推广活动内容

• 白领篇

　　想有私人秘书每天为您私人量身定制高端、大气、上档次的生活吗？

　　早晨，当第一缕阳光透进窗时，如果一杯蕴含着自然清新奶香、口感丝滑纯正的牛奶出现在您面前，让您细细品尝，让唇齿之间留有淡淡余香，相信一定让您回味无穷，一整天都拥有好心情。

然后，从衣柜里找到一件舒适、让自己充满信心的内衣，开始一天的工作。

三点一刻，在休息室喝着咖啡，让芳香的气味四处弥漫，慢慢抿一口嫩滑的咖啡，感受它流过食道的温暖，最后再轻轻一吞，深呼一口气，咖啡的香醇就又浮现，让您整个下午都能够充满激情。

一天的工作结束后，即使很累，但置身于厨房里，和爱人一起做一顿可口的饭菜，也是一种享受（对于热爱厨房的女人，橱柜里永远少一口锅）。

晚饭后，在这样的浴室，泡在浴缸里，美美地洗个澡，所有烦恼都一扫而空。

最后回到属于自己的温馨小窝。

• 儿童篇

六一的太阳总是那么灿烂，六一的花朵总是那么芬芳。蓝天白云，鲜花绿草，都是快乐的象征。那一棵棵幼苗是孩子们的代表，那一朵朵花儿是孩子们的笑脸！

随着六一儿童节的到来，许多平日里忙碌的家长会在这天给孩子买玩具、服饰、书籍等礼物，但对孩子来说，什么样的礼物才是他们需要的？来，接着往下看吧！

六一儿童节，为孩子选择一件时尚新颖的玩具作为礼品，应该最容易博得孩子的欢心了。但深陷于各种压力中的大人们，可能由于经常忙于事务而无暇顾及当前玩具市场的变化，那么目前最新、最流行的玩具是什么呢？17e梦想为您的孩子量身定做玩具。

攻略一：妈妈，我们去哪儿？去游泳！

游泳夏日必备，让你和你的孩子清凉一夏！

攻略二：神奇文具五件套：一块橡皮擦，擦掉各种烦恼；一支铅笔，勾画美好前程；一盒彩泥，捏出缤纷夏日；一把剪刀，剪出花样幸福；一把尺子，量出富裕和谐。

攻略三：运动玩具——大黄蜂。

拥有 36 项专利的字母与数字系列自主研发玩具，该款字母数字变形产品研发的初衷是让五颜六色的字母动起来，变成金刚机器人勇士或是汽车模型，使儿童能够在快乐的气氛中，在玩耍中获得知识。这对提高儿童对字母与数字的认知能力具有十分明显的效果。

攻略四：益智玩具——博伟自由创意拼装组合积木（Bowei 503nb 234 个零件）。让中国宝宝的体能、智能、心理能力平衡发展，全面拥有实现梦想的能力。

攻略五：实时摄像航拍遥控飞机——第一台实时 FPV 航拍微型飞行器。

攻略六：儿童读物——笑猫日记。

除了满足孩子物质上的需求，家长们更应该注重孩子精神上的需求。家长们都希望给孩子们买一本好书，但什么样的书是适合孩子的好书呢？

"与孩子年龄、智力、性格相匹配的书才是好书。"

和孩子一起过节给孩子送一件有意义的儿童节礼物固然重要，但如果家长们和他们一起度过一个儿童节，可能会给孩子留下更深的印象。

如果有时间的话，可以带孩子到农村看一看农民伯伯如何收麦子，或者带孩子钓钓鱼。如果孩子足够大的话，还可以带孩子看一场动画电影，或者是听一场音乐会，再或者一起做一道菜……也许这个和孩子一起度过的儿童节更能让他回味终生。

● 学生篇

    快乐的时光总是让人难忘的，学生时代总是最让人怀念的。学生时代就像醇绵的酒，时间越久越值得回味。直到永远都无法忘怀，青春万岁。

    早晨，一缕阳光透过宿舍的窗户找到正在熟睡的我们。这时，纯白的豆浆、金黄的油条，在那和暖的早晨，正如《豆浆油条》这首歌唱的一样，是如此和谐。

吃完早饭，上课的铃声也随之响起。

上课时，同学们都聚精会神地听老师讲课。当然课桌上除了有书本，同时也少不了摆放各式的文具。

下午四点一刻，广播站音乐响起，操场上便热闹起来。学生们在操场上追逐、运动，一个个笑脸在操场浮现，一阵阵笑声在操场上飘荡，飞向天空，变成朵朵白云。

世上没有丑学生，只有懒学生。但现在漂亮、帅气的学生还是有很多非常懒惰的，于是睡眠面膜便成为懒学生的必备佳品。

学生时代，是由懵懂到成熟，由单薄到丰满，是由读别人到读自己的灵魂升华。前方正延伸的铁轨，一边是阅读，一边是人生，心灵的列车将勇往直前，永不停息！放飞希望，超越梦想，让汗水与努力同在，让自己无悔人生，无悔青春！

◆ 1 号店广东站 **17e 梦想**——店铺初赛最后排名

总订单量	总销售额(元)	浏览量
39	12,391.36	875

◆1号店比赛总结

●1号店比赛学生总结之一

转眼间参加1号店的比赛已经结束了，在专业部主任、专业教师以及班主任的共同支持与指导下，我们参加了"2014年1号店校园行电子商务大赛"。经过二十多天的竞赛，由于经验不足，我们最终无缘决赛。虽然没有进入决赛，但我们团队的每一位队员都有不同的收获。

对于我个人而言，参加了这次大赛非常有意义。它不仅让我开阔了视野，同时也让我解放了思想。无论是策划、线上销售还是现场拉票，每个环节都让我有感动和收获。我们的团队在比赛过程中，团结一致，相互交流，勇于提出自己的想法，再加上老师对我们的指导，都全面提高了我的实操水平和执行能力。这些天我有以下的几点体会：

一、线上销售，提高了实操水平

作为一名中职生，我在学校学到了很多关于电子商务的理论知识与实操技能，但是一直缺少真正的实战。通过这次比赛，我强化了自己的专业知识，同时也让我更清晰、更全面地体验到将课堂上的知识运用到实践中来的重要性。对我们来说这是一次难得的学习机会，也是一次理论与实操相结合的锻炼机会。

二、投票销售环节，开阔了视野

这次比赛是一次接受社会实践的机会。它让我们开阔了眼界，打开了思路，使我们不仅对专业各方面有更加深入的认识，也对比赛要注意的方方面面有了进一步的了解。

通过比赛，我们看到了自己的不足。我们不能一直梦想着成功，而是要在精神上有所提高。每个人的人生都不是一帆风顺的，所以我们要以健康、乐观的心态来品味人生路上所有的酸甜苦辣，只有这样才能赢得更美好的明天与未来。

三、老师的指导，让我们找准了方向

在老师的帮忙与指导下，我们的比赛有序地进行着。

这次比赛让我积累了很多宝贵的经验，在一定程度上提高自己的对专业学习的积极性，也提高了我的实际操作技能。以上是我对这次比赛的心得，这些经历都将为我以后学习打下良好基础。

• 1 号店比赛学生总结之二

为了提高我们团队同学对 O2O 实操的了解，增强社会实践能力，培养创新意识，我们团队决定参加 1 号店举办的校园行电子商务大赛。

一、报名和上交 PPT 环节

虽然我们都有意识要参加比赛，但是等到临近交 PPT 时才开始紧张的准备，PPT 改了好几次都不尽人意。直到提交前的第二个晚上，我们和老师才想出了比较满意的思路，并将 PPT 修改完毕，在最后一天才将参赛 PPT 提交给比赛组委会。在这个环节中，我觉得虽然最后提交的 PPT 的创意和效果不错，但是在前期策划中，我们准备得不够充分，任务没有分配好，时间上也没有安排好，所以才导致最后一天交 PPT。

二、投票环节

在投票环节中，我们利用订阅号、微信朋友圈请亲戚朋友大量转发，虽然取得一定的效果，但是和别人相比我们仍处于劣势。在这种情况下，我们采取了到各高校和在本校宣传拉票。在各大高校的拉票中，虽然烈日当头，同学们却还是义无反顾地往前走，每个人都为自己定了目标，今天不拉到目标票数绝不罢休。对于团队同学的这种精神，我们都很感动。在这次拉票环节中，虽然我们和第一名的票数还有一定的距离，但是我们都已经全力以赴。虽然没有晋级，但我们学到了吃苦耐劳的精神，也锻炼到了与人沟通的能力，从而提高了凝聚力、增强了团队精神。

三、销售环节

1. 我们利用订阅号编辑了如学生篇、白领篇等一系列主题篇，将衣食住行的东西融入里面，吸引客户，引起别人的兴趣和购买欲望。从中我们学会了订阅号的编辑方法、文案的编辑技巧、商品的描述方式等。

2. 我们到学校各办公室宣传我们参加比赛的事情，并请老师支持我们。这得到了大部分老师的大力支持，让我们更加充满信心，勇敢往前冲。

3. 我觉得销售环节做得不足的是我们没有到企业宣传，光靠个人的消费购买力是远远不够的。我们的经济实力和朋友圈也比大学生弱和小，所以这也是我们没有晋级的重要原因。

十天的初赛已经落下帷幕，虽然没能晋级，但我们也不会因此失去信心。比赛总有输赢，一次不行还有第二次，我们还年轻。重要的是总结比赛的失败原因，从中找到自己的不足，在以后的学习中，不断改进，避免同样的错误重现。

● 1 号店比赛学生总结之三

俗话说，失败是成功之母。这一次比赛，让我们团队有了大大的收获。在这次比赛过程中，我们学到了很多东西。

我们团队在这过程中得到了一个提升，我们知道了：比赛中总有被淘汰的时候，人生不会永远一帆风顺的！

在投票环节中，我们的思路打开了，胆子练大了，脸皮也练厚了。团队的每个人只要能想到什么就去做什么，如有人建议用微信拉票；有人建议用摇，即用一个诱惑人的图片吸引人去投票；还有人想到利用纸皮箱子进行创意制作，在学校进行宣传。我们顶着一个不透风的箱子，在各个班里进行拉票，虽然只有几票，但大家都互相鼓励。在这过程中虽也有人抱怨，但我们都说有拉到票就好了，知足常乐。

去外校宣传期间，一开始我们都是胆怯地去询问，渐渐地我们都熟悉了起来了，看见人就去拉票。在拉票的过程中我们也遇到了不少挫折，还有些队友在拉票过程中生病了。虽然这些不是大事，但对我们来说也是一种经历，我们在这种经历中不断成长。在成长过程中，不可能一帆风顺，我们遇到的挫折是我们最大的收获。只有在挫折中，我们才会去分析自己哪些地方做得不够好，如果我们顺利完成了，反而就不会有压力，不能促使我们成长。

比赛结束后，我们才知道，比赛前期的准备没有别人充分，只顾着制作 PPT 完全没有去宣传我们的团队，没能为后期做好准备。

我们团队在这次比赛也得到了一次飞跃的成长——人生第一次吃苦。在没有父母的呵护下，我们自己独立地成长。我们团队也越来越团结，虽然有时候会有一些抱怨，但是我们都乐此不疲。

这次比赛，虽然没能进入决赛，我们有点儿不开心，但是我们成长了。谢谢一直支持我们的朋友、同学、老师，你们辛苦了。感谢这次比赛为我们带来很多在校学生体验不到的社会常识。

这次的实践为我们以后面对社会上了生动的一课，我们获得了一份宝贵的经历。这份经历是我们成长的一部分，能让我们更快地成熟起来。

下次如果还有这种类型的比赛，我们还会去参加，我们要争取进入决赛，证明我们的实力。

再次感谢那些在比赛中给予我们帮助和支持的人。

● 1 号店比赛教师总结

关于指导学生参加"2014 年 1 号店校园行电子商务大赛"的总结

2014 年 5 月，1 号店在广州举办了 1 号店校园行电子商务大赛。这场大赛是一场真实的电商销售比赛，学生可以将课堂上的知识运用到实践中来，更可以通过这次比赛来实现自己创业开店的梦想。

我很荣幸作为指导教师带领 13E3 班由陈志伟、林志栋、卢樱等 11 名学生组成的"17e 梦想"团队参加了此次比赛。此次比赛，"17e 梦想"最终获得初赛排名第 14 名。尽管成绩不大理想，没能进前十名，没能获得决赛资格，但这也是一次宝贵的经验。为了积累经验，吸取教训，现将参赛的有关工作总结如下：

一、大赛特点及我校中职学生的参赛特点

此次比赛，广东省广州市内各高校、各年级、各专业的在校生均可参加比赛，各参赛队伍以电商卖家的身份参赛，从 1 号店商品库中挑选商品，按照统一的模板生成微信店铺，再通过整合营销手段推广店铺，创造销售额。

我校参赛选手是中等职业技术学校电子商务专业一年级的学生。他们只在校学习了一年的电商知识，面对一百多支由本科生组成的参赛队伍，还是显得有点吃力：第一，比赛经验不足，团队刚刚创建；第二，所学电商知识有限；第三，学生人脉不及大学生广。专业知识、实践能力和社会中电商发展的现状与趋势，都值得我校学生继续探索和研究。我们必须积累经验和吸取教训，不断学习、不断进步。

二、专业领导的重视

电子商务专业部领导对学生此次参加"2014 年 1 号店校园行电子商务大赛"给予了高度重视和支持。部长多次对参加大赛等相关事宜做重要指示，并及时为比赛解决难题，使参赛工作得以顺利展开。这极大地鼓舞了指导教师与参赛选手的工作积极性。

三、参赛的相关工作

参赛的工作分为以下七个阶段：

1. 报名并制订培训计划阶段：5月5日我们成功报名。2014年5月2日—5月6日在专业部支持下，我们开始着手制订比赛计划。在此期间我们经常向有经验的教师请教，了解比赛需注意的相关事宜，为比赛工作的展开做好铺垫。

2. 打造参赛团队阶段：2014年5月5日—5月8日为选定选手的阶段。通过平时学生课堂的学习情况还有其他相关专业老师的意见，并结合近期13E3班的"微果坊"团队的建设，选出"微果坊"中的11名选手作为参赛人选。选手确定下来后开始进行团队的打造，经过团队的讨论与专业老师的建议，团队最后命名为"17e梦想"，寓意参赛选手都是热爱电子商务的17岁的有创新、激情且目标一致的雨季青少年。"17e梦想"最终也成为我们参赛店铺的名称。

3. 参赛PPT制作阶段：2014年5月9日—5月20日为制作参赛PPT的阶段。主要任务是熟悉大赛规程和根据初赛要求制作团队参赛PPT。PPT内容包括团队与店铺特色介绍、目标顾客、产品组合选择理念和店铺宗旨，设计一个针对店铺特色，可在社会化媒体上进行病毒式传播的文案（可包含视频、图片等）。我们团队最初没能找准思路，所以前期的讨论和尝试花费了比较多时间，经过多次修改，距离截止提交日期的前两天晚上才确定最终方案，并且于截止提交日期的当天晚上才提交PPT。

在此阶段作为指导老师的我要不断提升选手的综合技能水平，并且多次与专业部领导和老师沟通，最终提交了团队都比较满意的参赛PPT。该PPT最后得分占比赛总计分（实际销售额＋店铺所获投票数×3）的24%，该成绩在PPT得分中排名第二，这结果大大增强了团队的信心。

在此期间，我们团队还参加了1号店在大学城广东药学院举办的大赛宣讲会。会上，1号店的经理为我们讲授了很多电商知识和此次大赛的相关事宜，为我们解决了很多疑问，这使得我们的参赛进行得更加顺利。

4. 参赛店铺建设阶段：2014年5月18日—6月1日为参赛店铺建设阶段。主要任务是参赛店铺的建设、商品的挑选和店铺的推广。由于学生每天生活在学校中，客户资源主要是校内师生，所以店铺的目标客户为学生、白领、家庭妇女，我们前期咨询了各办公室的老师及学生的购买需要，进而选出参赛店铺的商品。在PPT阶段我们经过一番头脑风暴，最后将营销创意定为"私人定制，为您定制，打造完美一天"。

5. 比赛微信销售阶段：2014年5月21日—6月1日，我们经过讨论及资料收集，制作出一系列的"白领篇""儿童篇""学生篇"等文章，并在微信订阅号、朋友圈进行传播，得到了较好的宣传效果，提高了店铺的知名度。我们实行的是线上、线下一起推广销售，不仅在朋友圈、QQ、贴吧上进行推广销售，专业部还帮忙到各个办公室展开推广销售，学生则在宿舍区、教学区、饭堂进行推广销售。队员还向身边的亲朋好友进行推广销售，努力提升比赛的销售额。

6. 比赛拉票环节阶段：2014年5月22日—5月30日为投票环节，在此之前我们只是把投票对象定位在学校师生及身边的亲朋好友身上而忽略了广大的校外人员。投票开始的前两天我们的投票得分并不理想，排于 15 名后。这得分并不乐观，因此团队成员提出了要到校外拉票的建议，开始将目标定位于社会人员及大学生。经过两次外出拉票的尝试，得出大学校内拉票成功率较高，所以团队成员利用课余的时间顶着炎炎夏日与不定时的暴雨，去周边各大高校拉票。辛苦的付出终于有所回报，24 日左右我们的投票得分不断上升，这使得团队得名上升到了前十名。这让团队成员更加拼命地到校外拉票。

相比校外拉票，校内的投票数并不乐观，因此团队还进行了多次讨论，不断尝试各种方式在校内拉票。还调动 13D1 动漫班几位绘画比较好的同学帮忙制作了贴上店铺二维码的带有动漫表情的盒子，再将其套在头上在晚自习期间到各班级宣传、拉票。尽管拉票率还是不高，但是队员还不放弃。最后在专业部领导、校团委及学生干部的帮助下，再次到各个班级拉票，距离比赛结束最后两天我们的排名在第六到第八名之间徘徊。

7. 比赛资料收集和总结阶段：2014 年 6 月 1 日—6 月 8 日，比赛结果出来了。虽然我们团队取得了第 14 名的成绩，无缘决赛，但是我们没有因此而气馁，因为队员们都已经全力以赴了。这段时间，我们不断地进行总结，并且收集、整理了此次比赛的相关资料，为我们团队的未来，做出了规划。

四、参赛收获和体会

此次比赛促进了我们团队与专业部领导和老师们的交流，也有利于学生将专业理论知识付诸实践，坚定了学生学好电子商务专业的信心。他们在比赛中不仅经历了电商实战，使专业知识得到实践和拓展，也收获了友情、师生之情，更重要的是收获了团队精神。而我，作为此次比赛的指导老师，不断为了比赛学习了很多电商的知识，这为我以后对课程体系的把握，以及强化学生的职业能力培养方面做好了铺垫。在以后的教学过程中我就能更多地注重职业能力的培训和根据竞赛实际要求对 Photoshop 的课程内容及形式进行创新和补充。

五、存在的问题与差距

由于 1 号店第一次举办这种比赛，所以比赛的规程、规则还不是很完善，更大的原因是我第一次带领学生参加电商大赛，而且比赛团队刚刚打造，首次参赛，所以比赛经验不足。我们在本次大赛存在的问题与差距主要有以下几个方面：

1. 于个人而言，我应不断积极、主动地学习，提高个人的学识水平，多跟行业中出色的代表交流，多汲取别人的经验以提高自己的知识层面、教学质量水平及指导比赛的技巧。

2. 作为中职学生团队，此次面对的对手是一百多支由本科学生组成的参赛队伍。作为一年级的中职学生团队，我们刚学习一个多学期的电商专业知识，并且没参加过社会实践，这与对手的差距较大，我们的团队倍感压力。

3. 中职学生相对于大学本科生，尤其是大学城的本科生而言，人脉没有其广，所以投票环节、销售环节是我们的弱项，但在 PPT 的创意及营销、推广方案上，我们中职学生的创新能力并不亚于本科生。

4. 校内投票环节，我们没能更好地调动师生来帮忙投票。虽然想了很多办法，但是校内投票的结果还是不理想，原因在于我们没能捉住校内学生的特点及兴趣。其实可以联合社团，例如街舞社，请他们帮忙表演街舞来拉票等。

5. 在比赛最前期，我们对于参赛店铺的推广太少，而且不够全面，等到销售投票阶段开始我们才全力推广，这也是我们赛后才总结出来的。大赛期间忙于各项事务，反而在比赛前期忽略了最重要的前期推广工作；还有目标客户在一开始只局限于学校及身边的朋友，原本计划将企业的支持放在决赛阶段，最后证明此计划是考虑不周，毕竟企业才是大客户。这些为我们以后的比赛提供了很好的经验。

6. 经过此次比赛，我们认识到大量的专业实践还是必要的。我们可以在校内多点组织此类型的相关比赛，锻炼学生的电商实战能力，提升学生的学习热情，提早让学生"踏出社会"。

在本次竞赛中，我校选手的成绩虽然不是很优秀，但是经过这次大赛，我们也认识到了自身的不足，也是收获满满，接下来我们将会更加努力地将教学工作进一步地统一与规范，为以后的比赛指导做好准备。

最后，作为指导教师，我在此感谢校领导、老师及同学们，特别是电子商务专业部相关领导、老师对这次比赛的关心、帮助与支持。"17e 梦想"的队员们你们辛苦了！

任务4　外贸微果坊创业实战

广东省对外贸易职业学校的几名电商学生瞅准微信的社交平台商机，组建"外贸微果坊"销售平台：每日在微信公共账号上向关注自己的用户推送水果的价格和品种等信息，有意向的同学及老师可直接通过微信公众号订购。

开店工作纲要

◆ 调查问卷
◆ 调查报告
◆ 外贸微果坊项目策划书
◆ 海报设计
◆ 软文广告
◆ 综合训练

◆ 调查问卷

关于"校园水果"的调查问卷

亲爱的同学：

您好！为了深入了解"校园水果"进入校园市场的情况，我们特意做了此次调查。我们的"校园水果"是为了让在校学生能随时吃到新鲜水果，以及了解水果的营养价值的店铺，为了提供更好的优质服务，现在打扰您几分钟做个调查。感谢您为我们提出宝贵的意见，谢谢！

专业：　　　　　　班级：　　　　　　　　姓名：

1. 请问您的性别是：
    A. 男　　　　　　B. 女
2. 请问您的月生活费范围在：
    A. 799 元以下　　B. 800～999 元　　C. 1 000～1 119 元
    D. 1 200～1 499 元　E. 1 500 元以上
3. 您对水果是否了解？
    A. 非常了解　　　B. 了解　　　　　C. 一般
    D. 不了解　　　　E. 非常不了解
4. 请问您喜欢吃水果吗？
    A. 非常喜欢　　　B. 喜欢　　　　　C. 一般　　　　D. 不喜欢
    E. 非常不喜欢
5. 您喜欢吃水果的原因（多选）：
    A. 美容　　　　　B. 补充维生素　　C. 有益健康　　D. 其他＿＿＿＿＿＿
6. 您知道吃水果对身体有益吗？
    A. 知道　　　　　B. 不知道　　　　C. 无所谓
7. 请问您通常在哪里购买水果？
    A. 超市　　　　　B. 校内饭堂　　　C. 街边小贩　　D. 校外附近水果店
8. 您选择去那个地方购买水果的原因是？
    A. 价格　　　　　B. 新鲜　　　　　C. 地理环境　　D. 品牌
    E. 服务
9. 您每周购买水果的次数？
    A. 一次都不去　　B. 1～2 次　　　　C. 3～4 次　　　D. 5 次以上
10. 您希望身边有经营水果的休闲吧吗？
    A. 非常希望　　　B. 希望　　　　　C. 一般　　　　D. 不希望

11. 您在有时间的时候是否会与朋友一同前往水果吧？

    A. 是　　　　　　　B. 否　　　　　　　C. 无所谓

12. 如果"校园水果"入驻高校，能吸引您的原因是（多选）：

    A. 补充营养健康　　B. 情侣约会　　　　C. 朋友聚会　　　　D. 休闲小憩

    E. 其他_____

13. 请问您能接受"校园水果吧"每次消费的价格为：

    A. 10 元以下　　　B. 11 ~ 20 元　　　C. 21 ~ 30 元　　　D. 30 元以上

14. 您喜欢什么水果（多选）？

    A. 苹果　　　　　　B. 雪梨　　　　　　C. 香蕉　　　　　　D. 橙子

    E. 芒果　　　　　　F. 西瓜　　　　　　G. 其他

15. 您想"校园水果吧"给您提供附加的产品（多选）：

    A. 果汁　　　　　　B. 水果捞　　　　　C. 刨冰　　　　　　D. 水果拼盘

    E. 其他

16. 请问您希望我们的"校园水果吧"还有什么附加服务（多选）？

    A. 送外卖　　　　　　　　B. 不同水果对人的营养价值、美容等资料

    C. 提供水果现榨服务　　　D. 顾客 DIY 拼盘

17. 您希望"校园水果吧"为您提供怎么样的促销活动？

_____

_____

_____

◆　调查报告

关于"校园水果"的调查问卷（自定义查询）

作者：外贸微果坊　　时间：2014 年 6 月 4 日

调查背景：参考资料

调查方法：问卷调查

开始时间：2014 - 04 - 22　　结束时间：2014 - 06 - 04

样本总数：228 份

原始数据来源：http：// www. sojump. com/report/3318262. aspx？qc =

本报告分析内容：自定义查询

本报告样本筛选规则：

本报告包含样本数量：228 份

数据与分析：

1. 请问您的性别是：[单选题]

选项	小计	比例
A. 男	71	31.14%
B. 女	157	68.86%
本题有效填写人次	228	

2. 请问您的月生活费范围在：[单选题]

选项	小计	比例
A. 799 元以下	53	23.25%
B. 800~999 元	56	24.56%
C. 1 000~1 119 元	67	29.39%
D. 1 200~1 499 元	37	16.23%
E. 1 500 元以上	15	6.58%
本题有效填写人次	228	

3. 您对水果是否了解？[单选题]

选项	小计	比例
A. 非常了解	47	20.61%
B. 了解	116	50.88%
C. 一般	59	25.88%
D. 不了解	4	1.75%
E. 非常不了解	2	0.88%
本题有效填写人次	228	

4. 请问您喜欢吃水果吗？［单选题］

选项	小计	比例	
A. 非常喜欢	85		37.28%
B. 喜欢	112		49.12%
C. 一般	29		12.72%
D. 不喜欢	2		0.88%
本题有效填写人次	228		

5. 您喜欢吃水果的原因：［多选题］

选项	小计	比例	
A. 美容	80		35.09%
B. 补充维生素	174		76.32%
C. 有益健康	181		79.39%
D. 其他	38		16.67%
本题有效填写人次	228		

6. 您知道吃水果对身体有益吗？［单选题］

选项	小计	比例	
A. 有益	210		92.11%
B. 无益	15		6.58%
C. 无所谓	3		1.32%
本题有效填写人次	228		

7. 请问您通常在哪里购买水果？［单选题］

选项	小计	比例	
A. 超市	95		41.67%
B. 校内饭堂	23		10.09%
C. 街边小贩	41		17.98%
D. 校外附近水果店	69		30.26%
本题有效填写人次	228		

8. 您选择去那个地方购买水果的原因是？［单选题］

选项	小计	比例
A. 价格	44	19. 3%
B. 新鲜	117	51. 32%
C. 地理环境	54	23. 68%
D. 品牌	6	2. 63%
E. 服务	7	3. 07%
本题有效填写人次	228	

9. 您每周购买水果的次数？［单选题］

选项	小计	比例
A. 一次都不去	15	6. 58%
B. 1－2 次	177	77. 63%
C. 3－4 次	29	12. 72%
D. 5 次以上	7	3. 07%
本题有效填写人次	228	

10. 您希望身边有经营水果的休闲吧吗？［单选题］

选项	小计	比例
A. 非常希望	62	27. 19%
B. 希望	119	52. 19%
C. 一般	45	19. 74%
D. 不希望	2	0. 88%
本题有效填写人次	228	

11. 您在有时间的时候是否会与朋友一同前往水果吧？［单选题］

选项	小计	比例
A. 是	162	71. 05%
B. 否	35	15. 35%
C. 无所谓	31	13. 6%
本题有效填写人次	228	

12. 如果"校园水果"入驻高校，能吸引您的原因是：[多选题]

选项	小计	比例
A. 补充营养健康	151	66.23%
B. 情侣约会	63	27.63%
C. 朋友聚会	112	49.12%
D. 休闲小憩	147	64.47%
E. 其他	10	4.39%
本题有效填写人次	228	

13. 请问您能接受"校园水果吧"每次消费的价格为：[单选题]

选项	小计	比例
A. 10 元以下	65	28.51%
B. 11~20 元	128	56.14%
C. 21~30 元	31	13.6%
D. 30 元以上	4	1.75%
本题有效填写人次	228	

14. 您喜欢什么类型的水果？[多选题]

选项	小计	比例
A. 苹果	130	57.02%
B. 雪梨	87	38.16%
C. 香蕉	133	58.33%
D. 橙子	119	52.19%
E. 芒果	128	56.14%
F. 西瓜	130	57.02%
G. 其他	37	16.23%
本题有效填写人次	228	

15. 您想"校园水果吧"给您提供附加的产品：[多选题]

选项	小计	比例
A. 果汁	156	68.42%
B. 水果捞	127	55.7%
C. 刨冰	124	54.39%
D. 水果拼盘	131	57.46%
E. 其他	20	8.77%
本题有效填写人次	228	

16. 请问您希望我们的"校园水果吧"还有什么附加服务？［多选题］

选项	小计	比例
A. 可以送外卖	148	64.91%
B. 相关水果对自身的营养价值、美容等资料	103	45.18%
C. 提供水果现榨服务	139	60.96%
D. 顾客 DIY 拼盘	92	40.35%
本题有效填写人次	228	

◆ 外贸微果坊项目策划书

目 录

一、计划摘要

水果，已逐渐成为生活的必需品，是日常消费的一个重要组成部分。但是，大部分人吃水果只是为了享受它们的美味，不太清楚也不重视食用水果的方法和技巧。这会造成自身的营养需求得不到合理的补充，同时由于食用方式不当浪费了不少水果。更有甚者对水果知识匮乏，根本不知道水果的名字。根据这种情况，在校园内成立"外贸微果坊"，旨在校园内打造"水果文化"，将水果的相关知识在学校进行宣传和普及，让同学们知道和了解水果的产地、营养、食用方式、保存等知识。

二、团队介绍

团队名（Anything But Ordinary）取自艾薇儿第一张专辑《Let Go》里的一首歌曲"Anything But Ordinary"，这首歌是一首赞扬个体独特性的颂歌。

三、产品服务

1. 坚持一切为了顾客的经营理念。
2. 迎合同学们的需求，不断创造出特色。
3. 打造高品质、高服务、低价格的形象。

四、战略规划

团队的宗旨：提供优质超值的产品和服务，丰富外贸同学的课间生活。我们将会在学校获得领先的销售地位、不断增长的利润和价值，从而与我们的同学、股东以及学校共同繁荣发展。

团队的发展规划：

战略一：跟班里合作，创建"微果坊特色班"，并与专业部共同打造"外贸微果坊"。

战略二：产品持续创新，满足消费者的需求。

战略三：通过"微果坊"向在校同学宣传和普及水果知识。

五、市场预测

学校人数大约为3 000人；其中男：500人，女：2 500人。

学生月平均水果消费能力：100元。

潜在的市场规模：可争取到的消费群体，按照总人数的50%计算，合计15万元/月。

六、前期宣传策略

1. 前期通过张贴海报在校园里造势，让尽可能多的学生知道"微果坊"要开张了。

2. 通知各班班长帮助宣传，同时对于帮忙宣传的班委给予一定的优惠，以便让其帮助宣传。

3. 广播站宣传。

七、营销计划

（一）主旨

售卖不按斤称，以套餐的方式卖。

（二）开业前一星期活动

1. 开业后，每天推出一种特价水果来刺激和引导消费。

2. 买鲜水果，分享照片，集赞送礼物（选出最佳微果坊粉丝奖三个，选照片并晒出来，每个获奖同学可赠送一个水果套餐）。

3. 通过微信转发、点赞进行宣传。

（三）营销方式

1. 捆绑式营销。

（1）在部分商品中实行水果捆绑销售，可以给予顾客用一种价格买到两种商品的优惠（比如苹果与香蕉搭配销售）。

（2）套餐服务：

女神套餐：

减肥套餐：

夏日套餐：

以上水果都可以以单品出售。

2. 限时秒杀（每两天一次）。

在晚自修后 9 点到 9 点 15 分之间下单有优惠。

3. DIY 面膜。

4. 团购礼品：

以宿舍为单位，购买四个套餐，多送水果。通过团购让学生以低价买到想要的水果，从而形成一种良好的营销方式，这一方面有利于宣传，一方面也有利于盈利。

5. 通过微信订阅号每天向同学们发送水果的产地、营养价值、食用方式、减肥作用、新品播报，客户间的新鲜事，学校周围的新鲜事等来刺激消费。

6. 支持微信语音、信息订餐，电话订餐。

7. 支持送货到宿舍的服务。

8. 如果顾客有需要，可以把哈密瓜、菠萝、西瓜等削好，切成块状、条状等进行销售，以方便学生选择。

八、销售流程

```
微信或电话预订  →  确认订单  →  配备货物
                                    ↓
     现金付款                     送货
   （同时支持
   微信、支付宝
     付款）
                    此单交易成功
```

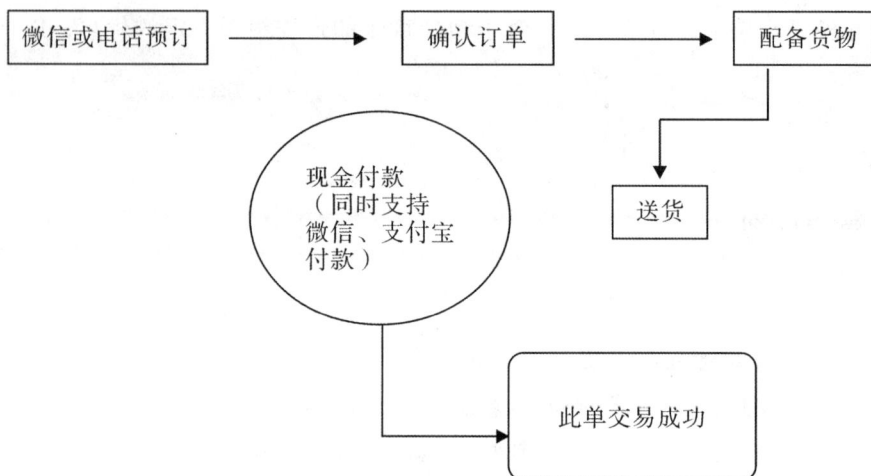

九、创业团队与组织结构

团队名：Anything But Ordinary（绝非一般）

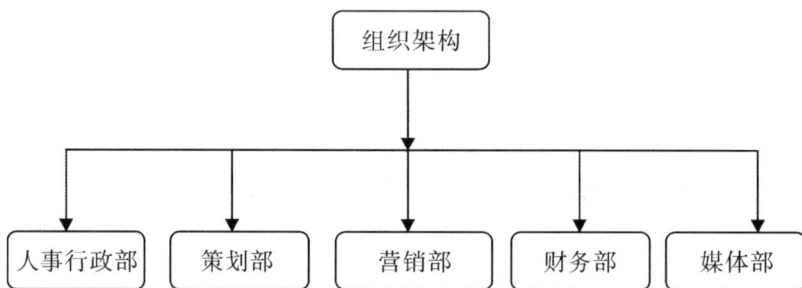

```
                组织架构
   ┌──────┬──────┬──────┬──────┬──────┐
 人事行政部  策划部  营销部  财务部  媒体部
```

十、成本和利润分析

案例说明：女生以苹果消费为主，一个标准套餐：红富士苹果 2 个，4 元；橙子 2 个，3 元；香蕉 5 根，5 元；圣女果 50 个，10 元；合计 22 元。

其中成本：红富士苹果 2 个，3 元；橙子 2 个，2 元；香蕉 5 根，3 元；圣女果 50 个，7 元；合计 15 元。管理成本：工资＋电话费用＋包装＋送货＋储存费用＋损耗＝3 元。

销售利润：22－18＝4 元；

按照每月销售套餐 500 个计算，销售额为 11 000 元，利润为 2 000 元。

十一、投资风险分析

1. SWOT 分析。

（1）优势。

目前校园内没有任何一个水果店铺。与其他水果经销方式相比，"微果坊"有着不可比拟的优势。首先其理念是打造"水果文化"，让同学们不但能吃到美味的水果，同时也可以了解相应的水果知识；接着"微果坊"承诺如果卖出去的水果是烂的，将无条件补还，杜绝欺骗同学们的情况；然后"微果坊"通过提供各种价位的套餐，让不同消费能力的同学能满足每星期都吃上水果的需求。

（2）W. 劣势。

水果的贮藏是一个不可忽视的问题，免不了会有腐烂的现象出现，解决这一问题需要少量且频繁地进货，但这会增加人力支出。

（3）O. 威胁。

由于销售方法都是可以模仿的，所以相信在"微果坊"引起同学们重视的时候，会有一些追随者出现，但是我们只要把采购、销售、管理模式整合起来，我们的价格和服务别人就无法模仿。

（4）T. 机会。

由于校园中规范、正式的水果消费方式一直处于空白阶段，"微果坊"的出现满足了同学们就近购物、低价购物、诚信购物的消费需求。同时，作为一种新兴的水果消费理念，"微果坊"更容易抓住在校学生的消费心理，这也就意味着"微果坊"这种产业形态能够迅速地占领在校学生的市场并发展壮大。

2. 投资金额。

首次投入股本：2 000 元，作为项目的开办费用：×××：500 元，占40%，×××：200 元，占10%（用于宣传，策划开办费用）。

营运流动资金的投入：按照订单量需要的金额，根据股份比例分摊现金投入。第一天1 000 元，×××按照股份比例缴纳。

商定好以后要书面签订投资协议，包括：投资金额、比例、股份比例、指定负责人、财务负责人、财务监督人。

3. 利润分配。

比如按每月利润50%作为扩大资金或者硬件投入（冰箱等），剩下的利润按照股份比例分配。

投资回收期：预计1个月（投资：2 000 元，第1个月利润3 000 元）。

4. 风险分析。

（1）项目失败可能性分析：

①同学们不感兴趣，没有客户；

②价格高；

③品种少；

④质量差；

⑤变质。

（2）投入 2 000 元，各自承担损失。

十二、结论

风险比较小，有一定的利润空间，项目可行。

◆ 海报设计

◆ 软文广告

我们所熟悉的学校,你知道吗? ——外贸

并不是因为内心有太多的想念,而是偶尔的时候会想想那些如歌、如诗、如梦、如醉的日子。

龙洞——一个熟悉的地方,也是一个属于记忆的地方。

街道还是那样的街道、热闹还是那么地热闹、灯光也还是那样的灯光。

只是人面不知何处去,桃花依旧笑春风,唯有借助记忆感怀,唯有对着一张张图片忧思。

曾经在龙洞生活过的人,你们还记得么?

这条路,必经之路,龙洞东路 128 号,来的时候很失落,离开的时候开始留恋。出校门向上走有两个车站——84、39 路公交车站。记得那时候的周末,我们总爱很早就坐车去逛状元坊、上下九。去时两手空空,回时大包小包……

这栋楼,留下了我们太多回忆,每天匆匆吃完早餐,然后像抢宝似的往课室狂奔,看似不起眼的一栋楼,我们却在这贡献了很多青春……

　　昔日热闹的后街，每天下课就像蜜蜂般嗡嗡喳喳，尤其热闹，每天晚上都要到那里遛遛。不过现在，没了。还记得综合楼一楼、二楼的饭堂吗？那时我们总觉得二楼的饭菜更好吃一点！

　　传说中的"龙洞步行街"，放学同学们都喜欢出去、瞎逛……

操场很令人怀念，每天早上都要起来做早操，我们那个时候是水泥地，是铺沙的跑道，走起来，唰唰响……

还记得一大群人在疯狂尖叫为各班各式各样的比赛加油，还记得校运会的时候躲在某个角落旁边喝饮料边写稿为同学加油！

图书馆，三年时间去了很多次。那里有琼瑶、席绢的小说，不过，我记得我借过哲理书……

宣传栏上，有青春岁月的标记。

学校的标志，有太阳，有星星，有月亮……

校园里的树木依然挺拔，草地依旧翠绿，回忆依旧美好，还记得，曾经一起散步聊天的日子吗？

实训楼，第一学期的教室在这里，曾经觉得它不堪入目，离开的时候却发现它其实很养眼。

每天，我们三三两两结伴穿梭在这条路上。

夏天的自习课我们都累了，需要暂时的休息。

新的宿舍楼大方得体。

到家人离开学校的那一刻，我才终于醒悟过来，我要一个人在这里生活三年。那时每晚军训完后，我都早早回宿舍躺床上睡觉，还试过跟宿舍的几个女孩晚上到公共浴室洗冷水澡。公共浴室在宿舍左边，后来拆了……偶尔还会偷偷掉眼泪，那种想家的滋味很刻骨铭心，那一年，我不到 16 岁。记得每天早上起床后每个人都要叠整齐自己的被子，放好枕头，每个人都有一个柜子、一个抽屉，每个人摆放的东西方向都要一致，稍有一点儿差错就会给宿管阿姨扣分。因为关系到操行分，所以我们都很谨慎，宿舍每天都很干净。

大榕树，承载这我们太多的记忆"待会在大榕树下集合""待会大榕树下等你哦"。

大榕树，也是我们军训乘凉的地方，还记得感人心扉的"军中绿花"，还记得"团结就是力量"，还记得无厘头般的拉歌。

现在我们学校出现了一个卖水果的微水果店，以后我们军训再也不怕炎日了，可以每天买西瓜吃——外贸微果坊（gdftswgf）。

可恨的喇叭声，每天早上只要那鬼东西一响，我们就不得不痛苦地从睡梦中醒过来。说是传统，说是特色，还说是对身体好。OK，早操是对身体好。大家起床吧，开始做早操啦……那时候有纪律部的人监督谁的动作不到位，谁的跳跃运动没跳……那时候的我们还像孩子，有时不听话……

话说情侣最喜欢在这儿约会了，同学们，你们遇见过吗？悄悄告诉你们哦！这个……我真的见过了……

怀念以前几个班一起在远程教室上公共课的快乐时光。

篮球场，曾经举办过不少篮球赛，也是校运会比赛的地方。

操场跑道，吃晚饭后散步的好地方，记得心情不好的时候在这里以狂奔来发泄……

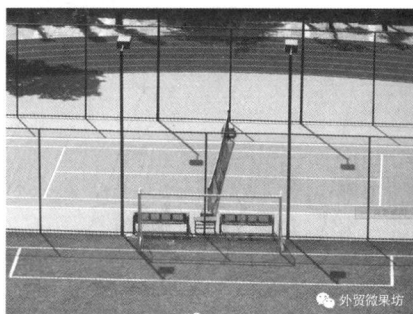

操场上翠绿的草地是周末晚上消遣时间的好地方，和一两个关系较好的同学，看着天上稀疏的星星，谈天说地……

校门口的收信箱，从来没有我的信件……

记得每天一早拖着懒洋洋的身子到操场做广播体操……

记得每天放学一大群人奔向食堂排队打饭，速度之快让人不禁感慨：不去参加马拉松实在是浪费人才。

春天到来的时候，总能看见美丽的紫荆花……

辛苦了，我们"微果坊"的成员，有你们的辛劳才会有"微果坊"的诞生，下学期继续为同学和老师服务！加油加油！

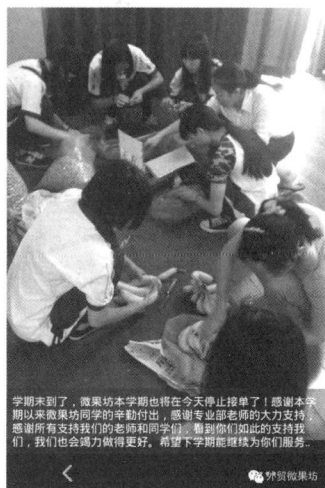

记得每天在操场道悠闲地晃悠……

记得每次放学就在步行街游荡，记得竹筒饭……

记得篮球场上声嘶力竭的加油声……

记得校园广播主持人的开场白："大家好，我是××……"

记得几个同学蹲在阳台说三道四……

记得……

记得……

那一年，我们热衷校园各个协会社团……

那一年，我们不敢翘课逛街……

那一年，早读晚自修迟到……

那一年，我们严格要求自己，严格要求他人。

那一年，学校水果店铺带来的欢乐！

那一年在"我们都一样，一样地坚强"中结束……

那一年……

曲终人散。

注意：请记得第一天到龙洞报到的时候，车子一开进校门，我失望无比的心情。现在往回看，才发现，那纯真亦矛盾的三年……是值得怀念的。

说一声，我不是因为逝去而在想念，我只是以一个记录者的身份，告诉你们，也告诉自己，我曾经来过。

——GDFTS（外贸微果坊：gdftswgf）

◆ 综合训练

1. 设计一个×××企业或产品的网络营销方案（建议：选择所在地区的典型行业来设计方案）。

2. 以小组为单位来完成整个营销方案（Word、PPT）。

内容应包括：

（1）营销目标（品牌形象还是提升销量）。

（2）目标客户的确定（以小组为单位来完成整个调查方案的设计）。

（3）调查方式（间接调查还是直接调查）。

①调查目的；

②调查内容；

③调查对象；

④抽样方法；

⑤设计问卷；

⑥发布与回收问卷；

⑦撰写调查报告。

（4）营销工具的选择。

（5）线上、线下该如何配合［网络广告设计：图片广告（海报）、文字广告（软文）］。

（6）实施效果如何评价。

【知识链接】

一、快速创建网络营销网站

1. 什么是网站。

网站（Website）是指在互联网上，用于展示特定内容的相关网页的集合。

2. 什么是主页。

主页，又称首页，是一个网站的第一页，也是最重要的一页。人们都将首页作为体现公司形象的重中之重，它也是网站所有信息的归类目录或分类缩影。在网站文件中默认将首页命名为 index 或 default 等。

3. 什么是 HTML。

超文本标记语言（HTML，Hyper Text Markup Language）是用于设计网页源文件（网页文档）的语言。每一个页面的代码保存为一个网页源文件（.htm 或 .html 文件）。

4. 什么是超链接。

所谓的超链接是指从一个网页指向一个目标的连接关系，这个目标可以是另一个网页，也可以是相同网页上的不同位置，还可以是一个图片、一个电子邮件地址、一个文件，甚至是一个应用程序。而在一个网页中用来超链接的对象，可以是一段文本或者是一个图片。当浏览者单击已经链接的文字或图片后，链接目标将显示在浏览器上，并且会根据目标的类型来打开或运行。超链接在本质上属于一个网页的一部分，它是一种允许我们同其他网页或站点之间进行连接的元素。只有各个网页连接在一起后，才能真正构成一个网站。

5. 常见网页元素。

从设计的角度来看，可以将网页中的元素分为站标、导航栏、文本、图片、表单和按钮等。

（1）站标也叫 Logo，是网站的标志，其作用是使人看见它就能够联想到企业。因此，网站 Logo 通常采用企业的 Logo。Logo 通常采用带有企业特色和思想的图案，或是与企业相关的字符或符号及其变形，当然也有很多是图文组合。

（2）导航栏实际上是网站内多个页面的超链接组合。导航栏也是网站中所有重要内容的概括，可以让浏览者在最短时间内了解网站的主要内容。

（3）图片是网页中最常用的元素。目前在网页中只能使用 JPEG、GIF 和 PNG 格式的图像。

（4）表单就是网页与用户之间进行对话交流的窗口，通过表单可以实现信息查找、用户注册、统计调查、在线购买等人机交互功能。

6. 制作网站前的准备工作。

（1）首先应确定好站点的主题。

创建网站前要先确定站点的主题，只有主题确定之后才会有目的地去寻找相关的资料，否则就像一只无头苍蝇到处乱窜，所以确定站点的主题是非常重要的，要慎重考虑好。

（2）规划站点结构。

确定好站点的主题后，接下来就是要规划好站点的内部结构。

①风格定位。

任何主页都要根据主题的内容决定其风格与形式，因为只有形式与内容的完美统一，才能达到理想的效果。主页风格的形成主要依赖于主页的版式设计，依赖于页面的色调处理，还有图片与文字的组合形式等，这需要在学习和制作过程中不断探索。

②风格统一。

网页上所有的图像、文字，包括背景颜色、区分线、字体、标题、注脚等，都要统一风格，贯穿全站。只有这样才能让读者看起来舒服、顺畅，你会对你的网站留下一个"很专业"的印象。

7. 制作网站的工具。

Adobe Dreamweaver，简称"DW"，中文名称"梦想编织者"，是美国 MACROME-DIA 公司开发的集网页制作和网站管理于一身的所见即所得的网页编辑器，它是第一套针对专业网页设计师特别发展的视觉化网页开发工具，利用它可以轻而易举地制作出跨越平台限制和跨越浏览器限制的充满动感的网页。

二、网络营销效果分析

付费流量：主要是指直通车、钻石展位等付费广告流量，通过付费的广告，被推广的产品将有一定的展示优先权和用户曝光概率。

【思考与训练】

一、选择题

1. 下面哪个不是网络营销策划应遵循的基本原则是（　　）。

A. 系统性原则　　　　　　　　　B. 创新性原则

C. 合作性原则　　　　　　　　　D. 经济性原则

2. 网络营销策划体系，包括定位系统、推广系统、展示系统（即营销平台）和（　　）。

A. 销售系统　　　　　　　　　　B. 采购系统

C. 定价系统　　　　　　　　　　D. 盈利系统

3. 网络营销整体策划的第一步就要找出该企业在这个时期的网络营销目标。目标设置主要涉及五类：销售目标、（　　）、品牌型网络营销目标、提升型网络营销目标以及混合型网络营销目标。

A. 增强价格目标　　　　　　　　B. 促销目标

C. 推广目标　　　　　　　　　　D. 增强服务目标

4. 销售型网络营销策划目标是指为企业拓宽（　　），借助网上的交互性、直接性、实时性和全球性为顾客提供方便快捷的网上售点。

A. 推广渠道　　　　　　　　　　B. 网络销售

C. 销售渠道　　　　　　　　　　D. 网络流量

5. 以下哪个地址书写是正确的（　　）。

A. http：//www. gdfts. net　　　　B. http：\\www. gdfts. net

C. http//：www. gdfts. net　　　　D. http\\：www. gdfts. net

6. 以下哪一个不是网站首页的默认文件名（　　）。

A. index. html　　　　　　　　　B. index. htm

C. default. htm　　　　　　　　　D. first. html

7. 网页中不支持以下哪种图片格式（　　）。

A. JPEG　　　　　　　　　　　　B. GIF

C. PSD　　　　　　　　　　　　D. PNG

8. 超链接是指从一个网页指向一个目标的连接关系，这个目标可以是（　　）。

①网页　②图片　③电子邮件地址　④文件　⑤应用程序　⑥相同网页上的不同位置

A. ①②③④⑥　　　　　　　　　B. ①②③④⑤⑥

C. ①②③④　　　　　　　　　　D. ①②③④⑤

9. 制作网站之前要确定网站的主题，主要因为（　　）。

A. 只有主题确定之后才能建立站点文件

B. 只有主题确定之后才能确定网站的色彩搭配

C. 只有主题确定之后才会吸引顾客

D. 只有主题确定之后才会有目的地去寻找相关的资料

10. 我们用来制作网站的软件叫（　　）。

A. Dreamweaver

B. Dreamwaever

C. Dreamweaver

D. Dreamwaever

二、判断题

1. 网络营销方案是指具有电子商务网络营销的专业知识，可以为传统企业或网络企业提供网络营销项目策划咨询、网络营销策略方法、电子商务实施步骤等服务建议和方案，或代为施行以求达到预期目的而进行的一种网络商务活动的计划书。（　　）

2. 网站是指在互联网上，用于展示特定内容的相关网页的集合。（　　）

3. 表单就是网页用来收集用户信息的文本框。（　　）

4. Logo 是网站的标志，其作用是使人看见它就能够联想到企业。（　　）

5. 导航栏实际上是网站内多个图片或文字的超链接组合。（　　）

6. GIF 图像格式适用于表现色彩丰富、具有连续色调的图像。（　　）

7. JPEG 图像格式可包含透明区，且可制成包含多幅画面的简单动画。（　　）

8. PNG 图像格式集 JPEG 和 GIF 格式的优点于一身，但不能包含图层信息。（　　）

9. 主页风格的形成主要依赖于主页的版式设计，依赖于页面的色调处理，还有图片与文字的组合形式等。（　　）

10. 家商城（http：//www.gqt168.com）属于一家传统商务企业。（　　）

三、简答题

1. 网络营销策划的概念是什么？

2. 制作网站前要做什么准备工作？

3. 用店铺的销售金额来评估网络营销的效果是否正确？

四、案例分析

1. 小李在一家新进入市场且规模不大的从事电脑等 IT 产品销售的公司的市场营销部门担任经理。公司根据当前的市场营销状况考虑实施网络营销，现希望小李来制订网络营销计划。要求：根据公司的实际情况，小李制订网络营销计划的思路应是什么？应按照什么样的步骤来制订网络营销计划？

2. 张某大学毕业后创办了一家考试书店，主要销售高考、自学考试、职业资格证书考试、计算机考试、英语考试等复习用书。尽管考试市场有很大的发展空间，但由于书店林立，竞争激烈，这家考试书店的经营状况并不乐观。面对经营的被动局面，张某反思后认为，光靠传统方式销售图书已经跟不上信息社会的潮流，应当通过网络方式扩大图书销售量。近期，张某融资 500 万元，准备建立一个基于该考试书店的网络营销站点，以便通过网络渠道销售本书店的考试用书，进一步开拓网下销售与网上销售两个市场。

假如你是张某，请根据"网络营销站点规划的主要内容"，提出该网络营销站点的规划思路。

参考答案

项目一　认知网络营销

【思考与训练】

一、选择题

1. C　2. B　3. D　4. C　5. B　6. B　7. C　8. B　9. D　10. A

二、判断题

1. ×　2. √　3. ×　4. √　5. ×

三、简答题

1. 网络营销（On－line Marketing 或 Cyber Marketing）全称是网络直复营销，属于直复营销的一种形式，是企业营销实践与现代信息通信技术、计算机网络技术相结合的产物，是企业以电子信息技术为基础，以计算机网络为媒介和手段而进行的各种营销活动（包括网络调研、网络新产品开发、网络促销、网络分销、网络服务等）的总称。

2. 网络营销的基本职能：网络品牌、网址推广、信息发布、销售促进、销售渠道、顾客服务、顾客关系、网上调研等。

四、案例分析

1. 网络营销特点：多媒体、时域性、交互性、个性化、成长性、整合性、超前性、高效性、经济性、技术性等网络营销特点。

推广方式：搜索引擎营销、即时通信营销、聊天群组营销、网络知识性营销、网络口碑营销、网站视频营销等推广方式。

2. 通过搜索引擎、B2B、展会、行业网站、目录网站、杂志等寻找供应商。

项目二　网络市场调研

【思考与训练】

一、选择题

1. C　2. A　3. D　4. C　5. B　6. E　7. C　8. D　9. C　10. D

二、判断题

1. √　2. ×　3. √　4. ×　5. ×　6. ×　7. √　8. √　9. √　10. ×

三、简答题

1.（1）产品因素：产品特性、产品价格、购物的便捷性、实验可靠性。

（2）心理影响因素：动机、知觉、学习、信念与态度。

（3）收入影响因素：消费者收入、消费者支出、居民储蓄及消费信贷。

（4）社会影响因素：参照群体、家庭以及角色地位。

2. 网络市场调研应遵循一定的程序，一般而言，应经过五个步骤：

（1）确定目标。

（2）设计调研方案。

（3）收集信息。

（4）信息整理和分析。

（5）撰写调研报告。

3. 网络市场调研的主要内容包括市场需求调查、用户及消费者购买行为调查、营销因素调查、竞争对手调查、宏观环境调查。

四、案例分析

1. 2014 年 3 月 15 日，新版《消费者权益保护法》（以下简称新《消法》）实施，消费者开始有权自收到商品之日起七日内无理由退货。

新《消法》第 25 条规定：经营者采用网络、电视、电话、邮购等方式销售商品，消费者有权自收到商品之日起七日内退货，且无须说明理由，但下列商品除外：①消费者定做的；②鲜活易腐的；③在线下载或者消费者拆封的音像制品、计算机软件等数字化商品；④交付的报纸、期刊。除前款所列商品外，其他根据商品性质并经消费者在购买时确认不宜退货的商品，不适用无理由退货。

律师解读：后悔权仅适用于网购等远程购物方式。

辽宁新世纪律师事务所牟飞认为，随着电子商务的快速发展，网购已经成为人们购物的主要方式之一。网购在有着价格低廉等好处的同时，"非现场性"也可能导致消费者和商家传送的信息极不对称，也给了一些不良卖家隐瞒商品负面信息的机会，由于消费者无法直接看到商品，往往被迫收到与网上介绍相差甚远的商品。

新《消法》第一次将"七天无理由退货"规则纳入法律中，针对网购等远程购物方式赋予了消费者七天的反悔权，旨在促进买卖双方的平等地位。

根据新《消法》，上述案例中的李小姐有权要求退货。

牟飞律师提醒广大市民，后悔权仅适用于网购等远程购物方式，消费者直接到实体店购买的物品，不适用该条规定。另外反悔权的期限是七日内，且根据商品性质不宜退货的商品，不在此列。

2.（1）制作一份在线调研问卷。登录问卷星 http：//www．sojump．com，并注册账号。在问卷星平台填写设计好的网络问卷，通过 QQ、微博、BBS、邮件等方式将问卷链接发给好友填写，问卷星会自动对结果进行统计分析。

（2）分析调查结果，形成调查报告。

项目三　编写网络营销文案

【思考与训练】

一、选择题（多选题）

1. CDE

2. ABCDE

3. ABCDE

二、简答题

4. 卖点提炼就是从产品自身出发，把产品的卖点考虑进产品开发设计中去。产品卖点其实就是与其他产品的差异性，没有比较就没有特点，比较优劣的基准为是否更好满足用户需求。一般来说比较的方面主要是：①企业规模和发展历史、行业地位、市场占有率；②产品应用技术；③产品功能；④产品制造工艺；⑤产品系列化；⑥产品开发；⑦售后服务，有的时候将自己产品的不足明确告诉用户，也是一种销售方法的卖点。

5. 原创性的文章不仅读者喜欢看，对于搜索引擎来讲也意义重大。高质量的文章总能吸引用户去浏览，甚至长时间浏览，反应变现就是网页浏览深度、停留时间及回头率，也只有高质量的原创软文才会博得百度蜘蛛的喜爱。

6. 一般网络软文的标题字数控制在 18 个字左右是最佳的，正文字数在 600 到 1 500字最为合适。字数太少无法完整传播足够的信息，太多则读者没有耐心去看完整篇文章。

项目四　制定网络营销策略

【思考与训练】

一、选择题

1. A　2. D　3. B　4. B　5. B　6. D　7. C　8. A　9. C　10. D

二、判断题

1. √　2. ×　3. ×　4. √　5. √　6. ×　7. ×　8. ×　9. √　10. ×

三、简答题

1. 包含核心产品、有形产品、附加产品和心理产品四个层次。

2. 包括成本导向、需求导向和竞争导向三种类型。

3. （1）传统营销渠道，简单地说就是商品或服务从生产者或提供者向消费者转移的具体渠道、通货路径，其中还包括了资金的流动、商品实物物流转移和买卖双方信息交流等内容。

（2）网络营销渠道，指企业利用网络（包括互联网及无线网络的传递）将自己的商品及服务，从生产商及服务提供者转移到消费者的中间环节，并实现资金流、商流、信息流及物流的流通。

（3）网络营销渠道能利用网络的平台完成许多传统营销渠道不能完成或者不能简单地完成的包括信息及资金的流动和交互共享；并且能更好地进行利润的集中化，减少因中介的加入而出现的营销成本。

4.（1）直接营销渠道：在这种网络营销渠道中不含中介，是由商品生产商及服务提供者直接与消费者进行交易。

（2）间接营销渠道：在这种网络营销渠道中包含一个或多个中介，买卖双方通过这类网络电子中介进行交易。

（3）并用双营销渠道：一个企业在进行网络营销活动过程中，兼用直接营销渠道和间接营销渠道两种模式进行营销。

5. 网络促销形式包括有网络广告促销、网络站点推广、网上销售促进、网络公共关系营销、电子邮件促销和社交网络应用促销。

四、案例分析

1. 这一案例运用了新产品定价策略中的撇脂定价策略。撇脂定价是指产品在生命周期的最初阶段，把产品价格定得很高以攫取最大利润。本案例中，罐头厂将"珍珠陈皮"这一新产品定价为33元/斤的高价，能最大限度地为企业赚取利润。

2. 采取撇脂定价是因为"珍珠陈皮"这种小食品生命周期短，生产技术一般比较简单，易被模仿，即使是专利产品，也容易被竞争者略加改进而成为新产品，故应在该产品生命周期的初期，趁竞争者尚未进入市场之前获取利润，来尽快弥补研制费用和收回投资。

"珍珠陈皮"之所以敢采取撇脂定价策略，还因为有如下保证：①市场需求较大；②产品质量较高，配料和包装均较考究；③产品迎合了消费者追求健美的心理，既能防止肥胖，又可养颜；④产品是新产品。

3. 在此案例中，企业不能定低价，否则将导致利润大量流失。因为若实行低价，一方面无法与其他廉价小食品区分开来，需求量不一定能比高价时大，另一方面该食品生产工艺并不复杂，很快就会有竞争者进入，采取低价根本就无法收回投资。

项目五　选择网络营销平台

【思考与训练】

一、选择题

1. A　2. D　3. D

二、判断题

1. √　2. ×　3. √

三、简答题

1. 百度推广主要呈现标题、描述、网址（显示URL）等信息。

2. 阿里系是电商平台营销，百度系是搜索引擎营销。

3. 通过搜索比较结果说明，不同关键词会出现不同的搜索结果，也可能会出现同样的搜索结果，这取决于商品标题在设定关键词时的准确率或匹配度的相同或近似度，如图1、图2、图3所示。

图 1　京东网站搜索"iPhone 6 Plus"

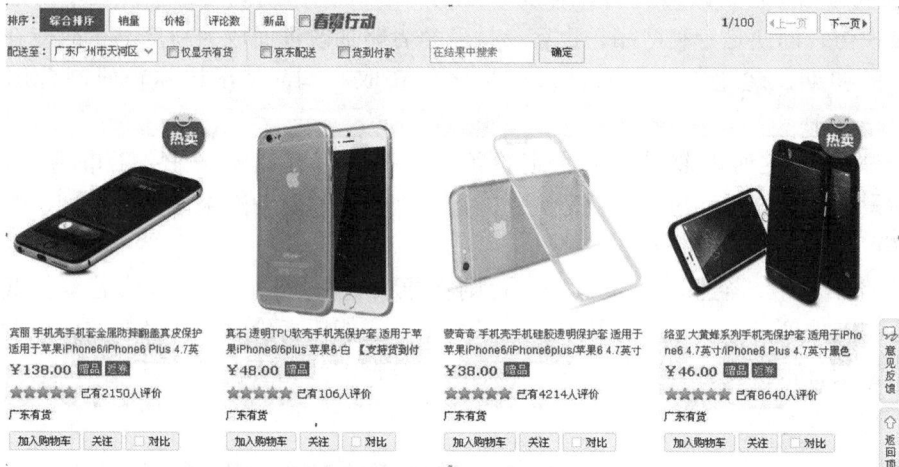

图 2　京东网站搜索"黑色 iPhone 6 Plus"

图 3　京东网站搜索"苹果 6 Plus"

项目六 选择网络营销工具

【思考与训练】

一、单项选择题

1. A 2. D 3. C 4. D 5. C 6. C 7. D 8. C 9. D 10. A 11. C 12. D 13. D
14. D

二、多项选择题

1. AC 2. ACD 3. ACD 4. ABD 5. ABCD

三、判断题

1. √ 2. × 3. √ 4. × 5. √ 6. √ 7. × 8. √ 9. √

四、简答题

1. SEO：汉译为搜索引擎优化。搜索引擎优化是一种利用搜索引擎的搜索规则来提高目前网站在有关搜索引擎内的自然排名的方式。SEO 包含站外 SEO 和站内 SEO 两方面。SEO 是指为了从搜索引擎中获得更多的免费流量，从网站结构、内容建设方案、用户互动传播、页面等角度进行合理规划，使网站更适合搜索引擎的索引原则的行为。使网站更适合搜索引擎的索引原则又被称为对搜索引擎友好，对搜索引擎友好不仅能够提高 SEO 的效果，还会使搜索引擎中显示的网站相关信息对用户来说更具有吸引力。

2. 友情链接；分类信息；问答平台；网址导航；百科；软文投稿

3. 《晨跑真的健康吗》《你懂得教育孩子吗》。

4. 无标准答案，意思表达清楚即可。

5. （1）论坛（BBS）：是虚拟网络社区的主要形式，大量的信息交流都是通过论坛（BBS）完成的，会员通过张贴信息或者回复信息达到互相沟通的目的。

（2）聊天室（Chat Room）：在线会员可以实时交流，对某些话题有共同兴趣的网友通常可以利用聊天室进行深入交流。

（3）讨论组（Discussion Group）：如果一组成员需要对某些话题进行交流，基于电子邮件的讨论组会非常方便，而且有利于形成大社区中的专业小组。

（4）网络寻呼（QQ/OICQ）：现在上网的人大多数都有 QQ 号，在线好友可以即时交流，也可离线留言，更有人喜欢用 QQ 群来交流，发送广告也非常方便。

6. 利用博客这种网络应用形式开展网络营销。博客具有知识性、自主性、共享性等基本特征，正是博客的这种性质，决定了博客营销是一种基于个人知识资源的网络信息传递形式。因此，开展博客营销的基本问题，是对某个领域知识的掌握、学习和有效利用，并通过对知识的传播达到营销信息传递的目的，与博客营销相关的概念还有企业博客、营销博客等，这些也都是从博客具体应用的角度来界定描述，主要区别那些以个人兴趣甚至个人隐私为内容的个人博客。其实无论企业博客也好，还是营销博客也好，一般来说博客都是个人行为，也不排除某些公司集体写作同一博客主题的可能，只不过在写作内容和出发点方面有所区别；企业博客或者营销博客具有明确的企业营销目标，博客文章中或多或少会带有企业营销的色彩。

7. （1）"病毒"有一定界限，超出就成为真正的病毒了。

（2）离不开基本要素。

（3）要遵照一定的基本步骤和流程。

（4）实施过程无须费用，但营销方案设计需要成本。

（5）需要进行推广，不会自动传播。

五、案例分析

案例1

1. 这篇文章以一个小学生的角度，描述妈妈减肥的故事。

2. 这类文章的读者往往都是关心子女教育的中年女性，从这个角度抓目标客户也相对精准。同时恰到好处地在文章中植入广告，如通过"同事告知，纯天然配方，上网查不到负面评价等"展现产品的名称、优势、效果。将目标产品和妈妈减肥的效果很好地结合在一起，让读者不容易发现这是一篇广告帖。

案例2

本题只要能根据企业的性质和发展，进行论述即可。可以根据以下几点进行评价。

（1）网络市场调研的五个步骤：选择合适的搜索引擎；确定调研对象；查询相关调研对象；确定适用的信息服务；对信息加工、整理、分析和运用。

（2）制订网络营销计划应考虑：对企业整体利益的影响；网上企业竞争优势；增强竞争调研的透明度；寻找顾客；市场开拓；销售；公共关系；附属服务；顾客服务；网上广告；降低产品支持费用；增强品牌形象；全面拓展业务（从以上任选6个方面进行论述即可）。

（3）网络营销广告的形式：建立企业主页；旗帜广告；按钮式广告；E-mail 形式的网络营销广告；赞助式广告；竞赛和推广式广告；插页式广告；互动游戏式广告；标点广告；迷你网站；新闻讲座组；新闻邮件；跳出窗口广告；墙纸式广告（从以上任选6个方面进行论述即可）。

（4）网络营销评价指标：网站设计指标；网站推广指标；网站的用户流量指标；网络营销成本效益指标。

（5）网络营销类型：初级型网络营销；展示型网络营销；潜力型网络营销；收益型网络营销；完美型网络营销。

项目七　网络广告推广

【思考与训练】

一、选择题

1. D　2. A　3. B　4. D　5. A　6. D　7. D　8. C　9. C　10. A

二、判断题

1. √　2. ×　3. √　4. √　5. ×　6. √　7. ×　8. √　9. ×　10. √

三、简答题

1. （1）主页形式；（2）网络内容服务商（ICP）；（3）专类销售网；（4）免费的互

联网服务；（5）黄页形式；（6）企业名录；（7）网上报纸或杂志；（8）虚拟社区和公告栏；（9）新闻组。

2. 申请、开通淘宝账号；开通网上银行或支付宝。

3. 采购成本降低；库存费用降低；生产成本降低。

四、案例分析

1. 宣传的是品牌。宣传品牌对具体商品的销售有促进作用。

2. 利用的热点事件是 CBA 全明星赛。

3. 本案主要的营销对象为喜欢篮球的年轻人。

本案能够成功主要有三方面的原因：①充分利用了热点事件 CBA 全明星赛；②营销的对象为喜欢篮球的年轻人，而年轻人是 SNS 平台的主力军，营销的策划针对了特定、合适的对象，选择了比较理想的工具；③利用搜狐、新浪等广受欢迎的网站进行活动宣传，宣传的效果更佳。

项目八　网站客户服务

【思考与训练】

一、选择题

1. B　2. C　3. A　4. C　5. B　6. C　7. B　8. C　9. ABC　10. AC

二、判断题

1. ×　2. ×　3. ×　4. ×　5. ×　6. √

三、简答题

1. 本网店都是经过工商备案的，销售的产品有授权书，您可以放心购买，本店所有的商品均为正品销售。

2. 我们所有产品价格已经是最低优惠了，售价是公司规定的，我们客服是没有议价权力的，还希望您谅解。

3. 不好意思，给您添麻烦了。您是还没有收到货是吗？我帮您查一下什么情况，请告知我您的姓名或者订单号。（如果是周末单子，需特别说明）您的订单是上周五下的，但是我们的订单都是在工作日处理的，因此，会比正常单子多耽搁两天，还请多理解，订单处理的流程还是比较多的，需要时间。

4. 正常情况下，我们需要客人提供所要开发票的公司抬头。如遇我们暂没发票，需与客人沟通，委婉表达我们是大公司，申请开发票都是需要财务那边审核了再去开，所以需要补寄给他们。

项目九　综合实践

【思考与训练】

一、选择题

1. C　2. A　3. D　4. B　5. A　6. D　7. C　8. B　9. D　10. C

二、判断题

1. √ 2. √ 3. × 4. √ 5. × 6. × 7. × 8. × 9. √ 10. ×

三、简答题

1. 网络营销策划就是为了达成特定的网络营销目标而进行的策略思考和方案规划的过程。

2. （1）首先应确定好站点的主题。

创建网站前要先确定站点的主题，只有主题确定之后才会有目的地去寻找相关的资料，否则就像一只无头苍蝇到处乱窜，所以确定站点的主题是非常重要的，要慎重考虑好。

站点的主题最好是自己擅长或者喜爱的内容，这样制作过程中才不会觉得无聊或力不从心，制作的内容才能够丰富多彩，才能吸引人。

（2）规划站点结构，并以此准备文字、图片等素材。

确定好站点的主题后，接下来就是要规划好站点的内部结构，并根据设计的需要查找相关合适的文字、图片、动画等素材。

①风格定位。任何主页都要根据主题的内容决定其风格与形式，因为只有形式与内容的完美统一，才能达到理想的效果。主页风格的形成主要依赖于主页的版式设计、页面的色调处理，还有图片与文字的组合形式等，这需要在学习和制作过程中不断探索。

②风格统一。网页上所有的图像、文字，包括背景颜色、区分线、字体、标题、注脚等，都要统一风格，贯穿全站。只有这样才能让读者看起来舒服、顺畅，才会对你的网站留下一个"很专业"的印象。

（3）安装好网站制作工具 Adobe Dreamweaver，简称"DW"，它是第一套针对专业网页设计师特别发展的视觉化网页开发工具，集网页制作和网站管理于一身，利用它可以轻而易举地制作出跨越平台限制和跨越浏览器限制的充满动感的网页。同时还要安装好 Photoshop、Flash 等辅助开发工具用于制作图片和动画等页面元素。

3. 答案是不完全正确，店铺的销售金额是网络营销效果评估的一个方面。

很多公司在内部评估的时候首先看到的是这个数据，然后通过这个数据判断运营是否成功。例如某公司今年的营销金额为 1 亿元，在年末统计的时候达到了这个营销金额，所以说他们成功了。同时我们又发现，该公司的客单价同比下滑了，利润也严重降低了，老客户的回购率也明显降低了，客户给的差评也明显增加了，新客户的获取成本也明显增加了，支付转化率更是越来越低了。基于这么多问题，我们会认为这并不是一个成功的运营。无论是对该公司还是对题中的店铺，都不是一个可以持续发展的良性循环。

而真正的比较成功的运营是应从店铺在运营的这个时间段内，流量持续上升、销售业绩上升、利润稳住或者小幅跳动、新客户的加入速度提升、老客户的回购率增加、新产品的开发进度跟上、爆款的数量增加、店铺的收藏量提高、产品的收藏量提高等综合方面来看。

四、案例分析

1. 答：

（1）要制订出科学的网络营销计划，应当按以下问题的明确回答为思路：

①打算利用网络进行哪些活动？

从事在线销售、产品或服务的网上推广、发布企业最新信息、提供客户技术支持等相关活动。

②是否建立自己的网站（网页空间）？

由于规模不大，对网络营销尚不熟悉，所以建议利用成熟的第三方平台（如阿里巴巴、淘宝）进行网络营销。建立自己的网站花费比较大。

③是否需要申请自己的域名？

可以在第三方平台上申请独立域名，方便用户记忆。

④预期的主要目标客户在哪些地区？

IT 产品适合的销售群体多，客户可以覆盖全国。

⑤有什么样人口构成？

应根据企业的目标市场进行划分范围，主要是经常利用互联网或者有 IT 产品需求的 11 ~ 38 岁的人群，以年轻人和成年人为主。

a. 希望为网络营销方案投入多少资金？

b. 如何经营自己的网站？

（2）应按照以下步骤来制定网络营销计划：

①准备相关资料。

该公司需要在网上从事在线销售、产品或服务的网上推广、发布企业最新信息、提供客户技术支持等相关活动，而又打算制作相应的网页，将需要准备大量的文字、图片、视频等资料。首先，需要策划网站的整体形象，要统筹安排网页的风格和内容；其次，公司的简介，产品的资料、图片、价格等需要反映在网上的信息都要详细准备，认真处理。

②制作网页。

收集了相关资料，就可以开始制作网页。要制作一个高水平的网页，还是需要很多专业知识的。也可以交给专业人士处理，但要支付一定的费用。

③存放网页。

网页制作完成以后，还需要把它发布到互联网上，所以网页必须存放在某个服务器内。如果企业有自身的服务器或网页空间，那就简单多了，把网页上传就可以了。否则，还要选择虚拟主机或网页空间。

④推广网页。

真正的网络营销工作是从网页推广开始的，否则，网站建起来、网页制作好并上传了，没有人知道网址，没有人查看网页的内容，也就起不到任何宣传作用了。

⑤分析潜在客户，联系现有客户。

对于企业来说，建立网站的最终目的是拓宽销售渠道、增加销售额，网站的访问量并不能算是企业的业绩，因为并没有增加企业的资产，一个成功的企业网站应该是能为企业创造利润的工具。

2. 答：

（1）明确企业网站目标。

明确打算利用网站进行哪些活动。这家考试书店主要目的是利用通过网络方式扩大图书销售量，即：

①宣传企业，树立形象；

②推广产品，促进销售；

③搜集信息，开拓市场。

（2）分析网站的服务对象。

在确定站点的目标后，在规划的初始阶段，就应该尝试划定你的访问者范围，要分析的主要方面包括：

①预期网站的主要目标受众的地区分布；

②网站浏览者的构成情况；

③网站浏览者的消费行为等；

（3）确定网站提供的信息和服务。

在考虑站点的目标和服务对象后，根据访问者的需求规划站点的结构和设计信息内容，规划设计时应考虑：

①按照访问者习惯规划站点的结构；

②结合企业经营目标和访问者兴趣规划网站信息内容和服务；

③整合企业的形象，规划设计站点主页风格。

（4）选择拟建立的网站类型。

建立自己的网站总有其目的，根据侧重点的不同，可将企业网站分为五种基本类型：信息型、广告型、信息订阅型、在线销售型和技术支持服务型。

（5）网站内容定位。

网站内容定位的要点是：

①根据企业的核心业务定位网站内容；

②根据用户的信息需求定位网站内容；

③网站内容应当突出客户，弱化自身。

（6）确定站点建设的人员安排和预算。

在分析站点的战略影响和规划好站点的经营目标和服务对象后，就应当对站点的建设作出具体的人员安排和预算。

（7）分析网站的成本效益。

合理核算域名成本和收益，以保成本收益为准来支持结构合理的营销计划，避免提前过多浪费投入。站点的成本包括使用平台（主机服务器、网上服务器、连接硬件设备和支撑系统软件）和服务内容（创意及日常设计、应用软件设计、日常管理、内容版权等）。

参考文献

［1］彭纯宪主编．网络营销［M］．北京：高等教育出版社，2005.

［2］于军，王冬霞主编．网络营销［M］．北京：科学出版社，2013.

［3］淘宝大学编．电商运营［M］．北京：电子工业出版社，2013.

［4］史海霞编．网络营销［M］．成都：西南财经大学出版社，2010.

［5］瞿彭志编．网络营销［M］．北京：高等教育出版社，2009.

［6］施志君．网店客服技能与技巧［M］．广州：广东世界图书出版有限公司，2012.

［7］谢垂民，朱国麟主编．电子商务师：电子商务员、助理电子商务师［M］．广州：广东世界图书出版有限公司，2011.

［8］厉鹏．中小企业电子商务环境下的网络营销策略探析［J］．沈阳建筑大学学报（社会科学版），2008（2）.

［9］陈立．试论广告策略及其在营销中的运用［J］．中国电力教育，2009（8）.

［10］李春生．网络传播受众心理分析及对策［J］．今日科苑，2008（10）.

［11］网络营销策略．百度百科，http：//baike. baidu. com/view/1807076. htm，2014 － 12 － 20.

［12］产品整体概念．百度百科，http：//baike. baidu. com/view/352555. htm，2015 － 06 － 24.

［13］定价方法．百度百科，http：//baike. baidu. com/view/583460. htm，2015 － 05 － 22.

［14］网店客服　实训指南．新浪博客，http：//blog. sina. com. cn/s/blog_77f55dd20100qcd4. htm，2011 － 05 － 07.